hechas por el hombre y filosofías relacionadas al liderazgo de la iglesia, política y compañerismo. Alguien deseando dirigir o ser parte de lo que parece una iglesia del primer siglo debe sinceramente dar la bienvenida a los principios simples pero profundos esbozados por Dave en el libro de Hechos. ¡Gracias otra vez por desafiar el status quo, hermano Dave!

D. Kevin Brown
Pastor/Anciano, Mt. Pleasant Baptist Church

Siete marcas de una iglesia neotestamentaria

Una guía para cristianos de todas las edades

Por David Alan Black

Traducido por Yadín Rodríguez

Energion Publications
Gonzalez, FL
2017
(English Edition, 2014)

Unless otherwise noted, Scripture translations are by the author.

Cover Design: Jody & Henry Neufeld
Cover Images:
Sunset, ID 3121126 © Koh Sze Kiat | Dreamstime.com
Cross, ID 35103100 © Maria Wachala | Dreamstime.com

ISBN10: 1-63199-193-0
ISBN13: 978-1-63199-193-6
Library of Congress Control Number:

Energion Publications
P. O. Box 841
Gonzalez, FL 32560

energion.com
pubs@energion.com

Contenido

Reconocimientos

Mi agradecimiento a Henry Neufeld (¡nuevamente!) por aceptar estos manuscritos y por su crítica constructiva y ánimo. Gracias también a mi asistente personal Jacob Cerone, por su extenso y excelente trabajo en este volumen. Dedico este libro a mis ancianos en Bethel Hill Baptist Church: Jason Evans, Jason Hatley, y Ed Johson, quienes semanalmente confirman los principios bíblicos establecidos en este volumen. Y un agradecimiento especial a Yadín Rodríguez por hacer la traducción de este libro al español. Y gracias a Lesly Hudgins por su ayuda en la revisión del manuscrito. Pero que toda la gloria sola reciba la Cabeza.

David Alan Black
Rosewood Farm, Virginia, EE.UU.

Introducción

Por años he querido escribir un libro acerca de la eclesiología. Sin embargo, este no es ese libro. En lugar de eso, en este libro he intentado hacer una simple pregunta al Nuevo Testamento: "¿Cómo se ve una iglesia bíblica y saludable?" Por supuesto, muchos autores excelentes han intentado responder a esta pregunta. Los libros acerca de la iglesia abundan hoy día más que en cualquier otro momento. No pretendo que he encontrado la única respuesta a esta pregunta. Lo que si he intentado hacer es permitir que las Escrituras hablen por sí mismas. Ustedes notarán que he hecho mi pregunta *al mismo Nuevo Testamento*; y me parece que el Nuevo Testamento nos ha provisto de una respuesta extraordinariamente clara. Mientras más reflexiono en el libro de Hechos, más convencido estoy de que el maravilloso capítulo que narra el nacimiento de la iglesia se presenta como un buen punto de partida para el estudio de la eclesiología del Nuevo Testamento. Si nos preguntamos, "¿por dónde iniciar?", nuestro camino ya está trazado, y lo encontramos en un breve pasaje de once versículos. Estoy hablando de Hechos 2, 37–47, versículos que describen por lo menos siete características básicas de la recién formada iglesia en Jerusalén. De ahí tenemos el título: *Siete marcas de una iglesia neotestamentaria*.

Aquí comparto mi traducción de estos versículos:

> *Ahora cuando ellos escucharon esto fueron heridos en sus corazónes y dijeron a Pedro y los demás apóstoles, "Hermanos, ¿qué debemos hacer nosotros?" Pedro les dijo, "Arrepentíos, y sed bautizados cada uno de vosotros en el nombre de Jesucristo para que vuestros pecados os sean perdonados, y recibiréis el Espíritu Santo como un don. Porque la promesa es para vosotros, para vuestros hijos, y para todos los que están lejos, cada uno de aquellos que el Señor nuestro Dios llama a sí mismo". Y él testificó con muchos otros argumentos y les exhortó, diciendo, "¡Sean salvados de esta*

generación corrupta!" Así que aquellos que recibieron su mensaje fueron bautizados, y en ese día cerca de tres mil personas fueron añadidas al grupo.

Se dedicaron a la enseñanza de los apóstoles, a la comunión, al partimiento del pan, y a las oraciones. Un sentido profundo de asombro vino sobre ellos todos, y los apóstoles hicieron muchas señales milagrosas y maravillas. Todos los creyentes continuaron juntos en una comunión cercana y compartían todas las cosas que tenían uno con el otro. Vendían sus propiedades y posesiones y distribuían el dinero entre todos, de acuerdo a lo que cada persona necesitara. Día tras día ellos adoraban juntos en el templo y compartían las comidas en sus hogares, comiendo con corazones humildes y gozosos, mientras adoraban a Dios y disfrutaban la buena voluntad de todas las personas. Y cada día el Señor seguía añadiendo a su grupo aquellos que estaban siendo salvados.

Antes de examinar este pasaje con mayor detalle, permítame hacer cuatro observaciones breves, pero importantes.

Primero, notará que no titulé mi libro "*Las* siete marcas de una iglesia neotestamentaria". Ningún humano puede pretender tener tal certeza. Eso sería igual a tener omnisciencia. Por supuesto, podríamos aseverar que hemos descubierto "las" marcas de la iglesia, pero el artículo definido revela no certeza sino arrogancia. En segundo lugar, estas siete características de una iglesia neotestamentaria son válidas sin importar la denominación a la que uno pertenezca. Al fin y al cabo, en el primer siglo no había bautistas, ni presbiterianos, ni metodistas, ni católicos. Me parece que estas características se aplicarían tanto a las mega-iglesias modernas como a las iglesias que se reunían en casas en el primer siglo. En tercer lugar, debemos señalar que la iglesia en Hechos 2 distaba mucho de ser perfecta. Recuerde, no fue la iglesia de Jerusalén que inició el evangelismo de Samaria o Antioquía. Esa antorcha tuvo que ser pasada a otros. El mismo Pedro no entendía del todo todavía el lugar que los gentiles tendrían en la iglesia. Aun así, la iglesia de Hechos 2 exhibió todas estas señales de una vida nueva en Cristo. Una iglesia puede ser ejemplar y no ser perfecta. La clave es que debe estarse moviendo en la dirección correcta. Finalmente, estudiaremos estas marcas en el orden en que el texto nos las presenta. El lector podrá apreciar, sin lugar a dudas, la progresión lógica y natural.

Soy un tanto reacio a la idea de agregar al listado de libros ya escritos sobre Hechos. Pero si quiero que los cristianos aprecien lo que los primeros seguidores de Jesús lograron. La historia de ellos es notable, y haríamos bien en imitarla. No hay nada nuevo o profundo en lo que he escrito aquí. Este es un simple libro que cualquier cristiano puede seguir, aún el creyente más nuevo. Las citas del Nuevo Testamento son de mi propia traducción hechas del griego original. En caso de que se estén preguntando, las siete características que discutiremos aquí son:

- Predicación evangelística
- Bautismo cristiano
- Enseñanza apostólica
- Relaciones genuinas
- Reuniones centradas en Cristo
- Oración ferviente
- Vida sacrificial

En todo el globo existen movimientos y grupos comunitarios de la iglesia que se están haciendo la pregunta, "¿Cómo se ve una congregación saludable?" Muchos están buscando una definición simple y bíblica de la "iglesia". Quizás la Primera Iglesia de Jerusalén pueda proveernos algunas respuestas. ¡Eso espero!

PREDICACIÓN EVANGELÍSTICA

"Pedro les dijo, 'Arrepentíos'".

En este libro estamos observando las características que marcaron la iglesia primitiva en Hechos y como estas características pueden marcar nuestras iglesias hoy. Debería ser claro, para comenzar, que una iglesia neotestamentaria por necesidad es una iglesia evangelística. El propósito principal de la iglesia es conectar a la gente con Jesucristo. Esto es lo que se conoce como la "Gran Comisión", y es una buena noticia como quiera que lo veamos. Mateo lo registra de la siguiente manera (Mateo 28, 19–20):

> *Así que donde quiera que vayáis, entrenen a cada persona que conozcan—la gente en cada nación—a cómo ser mis discípulos. Identifíquenlos públicamente por medio del bautismo en el nombre trino de Dios: Padre, Hijo, y Espíritu Santo. Luego, instrúyanlos no sólo en conocimiento sino también en la práctica de todo lo que les he ordenado. Y al hacer esto, recuerden: Yo estaré con vosotros, día tras día tras día, hasta el fin de la edad.*

La versión de Marcos dice lo siguiente: "Vayan donde sea en el mundo y compartan las Buenas Nuevas con todos" (Marcos 16, 15). El proclamar las buenas nuevas del evangelio era una factora decisiva en la formación y crecimiento de la iglesia primitiva. Porque es aquí, en el evento que ocurrió en el Calvario y en el primer domingo de Pascua, que la iglesia cristiana se distingue a sí misma del resto de todas las religiones. Miren la manera tan cuidadosa en la que Lucas expone este tema en nuestro texto (Hechos 2, 37–41):

> *Ahora cuando ellos escucharon esto fueron heridos en sus corazónes y dijeron a Pedro y los demás apóstoles, "Hermanos, ¿qué debemos hacer nosotros?" Pedro les dijo, "Arrepentíos, y sed bau-*

tizados cada uno de vosotros en el nombre de Jesucristo para que vuestros pecados os sean perdonados, y recibiréis el Espíritu Santo como un don. Porque la promesa es para vosotros, para vuestros hijos, y para todos los que están lejos, cada uno de aquellos que el Señor nuestro Dios llama a sí mismo". Y él testificó con muchos otros argumentos y les exhortó, diciendo, "¡Sean salvados de esta generación corrupta!" Así que aquellos que recibieron su mensaje fueron bautizados, y en ese día cerca de tres mil personas fueron añadidas al grupo.

Queda claro que el Salvador resucitado está deseoso de añadir nuevos miembros a Su cuerpo. Así que cuando decimos que la predicación evangelística es la primera marca de la iglesia, lo que significa es que una iglesia saludable, como un cuerpo saludable, siempre está creciendo. Por lo tanto, los primeros cristianos estaban comprometidos a un alcance evangelístico. Ellos fueron fieles al deber que su Maestro les había encomendado. Había todo un mundo afuera esperando por escuchar las Buenas Nuevas. Las oportunidades abundaban para mostrar el amor de Cristo a corazones enfermos por el pecado. Y los primeros cristianos aprovecharon estas oportunidades. Ese es el tipo de compromiso que energiza una iglesia en el siglo veintiuno, así como lo hizo en el primero.

Por supuesto, existe una manera totalmente diferente de ver "la predicación" hoy, y sería beneficioso para nosotros considerar esto brevemente. La tendencia en los últimos años ha sido la de aplicar el término "predicación" al sermón moderno de treinta minutos de los domingos en la mañana. Es el pastor, se nos ha dicho, y no el evangelista, quien se tiene en mente cuando se considera la idea de predicación. Este punto de vista no tiene fundamento. En primer lugar, es evidente partiendo del Nuevo Testamento que la predicación ocurre en un contexto evangelístico. Los sermones de Hechos son buenos ejemplos de esto. Note que los perdidos, no los salvos, eran el objeto de la predicación de Pedro en el Día de Pentecostés. Y así mismo encontramos en otros lugares en Hechos. En segundo lugar, referirse a los pastores del Nuevo Testamento como "predicadores" es ignorar los textos bíblicos que de manera consistente presentan el rol del pastor como el de un maestro. Dos textos son de gran importancia aquí: Efesios 4, 11 ("Y él dio algunos para que sean apóstoles, algunos profetas, algunos evangelistas, y algunos *pastores-maestros* . . . ") y 1 Timoteo 3, 2 ("Ahora un obispo debe ser irreprochable, el esposo de una esposa, moderado, sensible, respetuoso, hospitalario, *apto para enseñar* . . ."). Por lo tanto, si vamos a retener la perspectiva del mismo Nuevo Testamento sobre el rol de un pastor, debemos ser precavidos en utilizar el término "predicación" a lo que ocurre cuando los creyentes se reúnen para la edificación mutua. La predicación no es la única ni la principal tarea del pastor-maestro. La predicación es simplemente compartir las Buenas Nuevas, y los primeros creyentes fueron tan exitosos en hacer esto que fueron acusados de "voltear el mundo cabeza abajo" (Hechos 17, 6). Los cristianos de los días del Nuevo Testamento veían el evangelismo valiente como el propósito para el cual la iglesia existía.

Pero, ¿qué es el evangelismo exactamente? ¿Cómo puede ser practicado hoy día? Existen por lo menos cinco características que siempre distinguen el evangelismo genuino. Examinémoslas más de cerca.

Un *mensaje que exalta a Cristo* es quizás la primera característica que debe llamarnos la atención. El evangelismo no es ni un sistema ni un método. Consiste simplemente en traer a la gente cara a cara con una Persona. Es el compartir las Buenas Nuevas de lo que Dios ha hecho en Jesucristo por medio de su muerte y resurrección. Es la maravillosa historia de cómo Dios rescata a la gente en su necesidad y los transforma para que sean una nueva sociedad. Y noten: No hay nada superficial acerca de este mensaje. El evangelio es un mensaje que cambia vidas, y los primeros cristianos que pusieron el mundo cabeza abajo sabían esto.

¿De verdad entendemos este mensaje, y somos capaces de compartirlo con otros? Sería sabio de nuestra parte memorizarnos algunos versículos clave de las Escrituras que resumen el evangelio. Un buen ejemplo es 1 Corintios 15, 1–4. Aquí vemos que Pablo tenía una seguridad de la verdad de lo que él estaba predicando, y sobre todo de la realidad de la muerte, sepultura, resurrección y las apariciones post-resurrección de Cristo. Es imposible pensar sobre la conversión sin un entendimiento correcto del significado del Calvario y la tumba vacía. Otro pasaje es Romanos 10, 9–10. A menos que confesemos que Jesús es el Señor y creamos que Dios le levantó de los muertos, no podemos ser salvos. El contenido intelectual de una fe salvífica puede ser tan sencillo como "Jesús es el Señor" (1 Corintios 12, 3). Esta confesión, de hecho, es el corazón mismo de toda verdadera conversión.

Por lo tanto, debemos sumergirnos a nosotros mismos en el mensaje que proclamamos. Esta es una edad caracterizada por la relatividad, pero la gente está clamando por la verdad. Depende de nosotros explicarles el evangelio con palabras que puedan procesar. Como los primeros cristianos, debemos descubrir la necesidad de una presentación centrada en Jesús, a pesar de lo variado que puedan ser nuestros métodos evangelísticos. Esto significa que, como los apóstoles en Hechos, debemos siempre buscar exaltar a Cristo en nuestra predicación. Los primeros cristianos estaban consumidos por una pasión por Jesús. Ninguna otra persona era tan importante para ellos. Aquellos que de verdad han encontrado las Buenas Nuevas, siempre estarán deseosos de contarle a otros de Jesús y su amor. Y no hay nada más atractivo en este mundo como una iglesia en la que Jesús es exaltado.

Una segunda característica que debemos resaltar cuando pensamos sobre el evangelismo es la *dependencia del Espíritu.* Como lo expresa David Wells en su libro *God the Evangelist,* es el Espíritu Santo que inicia, motiva, y da fuerza para el evangelismo. De hecho, el Espíritu Santo es el actor supremo en el libro de Hechos, y él es la fuente de poder en la vida de los primeros discípulos. Fue el Espíritu que inició el primer alcance evangelístico en el Día de Pentecostés (Hechos 2, 38), y fue el Espíritu que movió los corazones de los creyentes en Antioquía para iniciar el evangelismo en Asia Menor (Hechos 13–14). Este mismo tema lo encontramos a lo largo de todo el libro de Hechos. Estos seguidores de Jesús vivieron en total dependencia del Espíritu Santo. No permitieron que cosa alguna estorbara su poder en sus vidas.

¿Y qué de nosotros? Conocemos poco de la presencia del Espíritu y su poder hoy. Dependemos de nuestros métodos, educación, y finanzas. Quizás no exista un mayor reto para la iglesia contemporánea que el arrepentirse de nuestra sobre dependencia en las estrategias evangelísticas trazadas por los hombres. Los primeros cristianos buscaron ser llenos del Espíritu (Efesios 5, 18) y obedecerle (Hechos 5, 32). Para ellos, el ganar almas era tan sencillo como eso. Ellos sabían que el evangelismo sería imposible aparte de una comunión estrecha con su Guía invisible. Si queremos ver un resurgimiento del fervor evangelístico que marcó a la iglesia primitiva, debemos tener el mismo compromiso. A. W. Tozer, el famoso maestro de la Biblia, es muy explícito acerca del rol del Espíritu en el evangelismo (*Paths of Power*, p. 9):

> La iglesia empezó con poder, se movió con poder, y se movió mientras ella tuvo poder. Cuando ya no tenía más poder, se escondió buscando seguridad. Pero sus bendiciones eran como el maná. Mientras intentaron guardarlo de una noche para otra, crecieron gusanos y hedía. Así que hemos tenido el monasticismo, escolasticismo, e institucionalismo—todos indicando una cosa: la ausencia del poder espiritual. Cada vez que en la historia de la iglesia se ha procurado regresar al Nuevo Testamento se registra un avance en algún lugar, una proclamación fresca del evangelio y un incremento en el celo misionero.

Nosotros debemos tomar seriamente esta advertencia. Así como el Espíritu Santo comisionó a Jesús para servir y le dio poder para testificar, de esta forma él desea obrar en nuestras vidas hoy. El libro de Hechos muestra lo que Dios puede hacer por medio de hombres y mujeres que han sido fortalecidos por el Espíritu. Si tú se lo permites, el Espíritu vendrá y dará testimonio de Cristo por medio de ti. Esta es la promesa de nuestro Señor (Hechos 1, 8).

Una tercera característica del evangelismo que fue evidente en los primeros cristianos es su *enfoque en cada miembro*. No fue una tarea delegada exclusivamente al liderazgo. Todos debían compartir las Buenas Nuevas con sus vecinos. Por esto es que Judas puede animar a sus lectores que "salvaran a algunos arrebatándolos del fuego" (Judas 23), mientras que Pablo puede elogiar a los creyentes de Tesalónica por "proclamar la Palabra de Dios" (1 Tesalonicenses

1, 8). Se esperaba de cada creyente que hiciera la obra de evangelismo dondequiera que fuere. Si ahora cada cristiano está llamado a
ser un testigo, y si cada iglesia tiene un campo misionero a los pies
de su puerta, ¿por qué es que sólo ciertas personas son llamadas
"misioneros", y por qué las agencias misioneras intentan hacer la
labor de la iglesia local? En ningún lugar del Nuevo Testamento
se puede observar que los primeros cristianos veían el evangelismo
como la responsabilidad de ciertos profesionales. Por supuesto, se
puede decir de aquellas personas y agencias que trabajan con y por
medio de la iglesia local que están cumpliendo con su responsabilidad misionera. Pero la realidad es que cada uno de nosotros debería
ser un "misionero a tiempo completo".

Pudiéramos llevar esto aún mucho más lejos. He intentado
hacer esto en mi libro *Will You Join the Cause of Global Missions?*
Jesús mismo fue el misionero por excelencia, y él encargó a sus
seguidores la misión en todo el mundo. Aún si no podemos viajar
a un campo misionero en el extranjero, "los confines de la tierra"
se han acercado a nosotros. Sólo hay que mirar cualquier campus
universitario hoy día. Los expertos en misiones llaman este fenómeno "misión global inversa", pero no deja de la misión. Es por esto
que estuve muy contento de escuchar que a uno de mis estudiantes
de doctorado en el Nuevo Testamento se le pidió que enseñara co-
municaciones en una universidad secular. Imagino que él hará más
que simplemente diseminar información. Puedo verlo a él dándose
a sí mismo, invirtiendo su tiempo en actos de amor misional simplemente porque estos son necesarios. Al fin y al cabo, compartir
la fe de uno es simplemente ayudar a otra persona a acercarse más
a Jesús. Si quieres evangelismo en tu iglesia, no llames a un evangelista profesional. Equipa a toda gente para que sean testigos del
evangelio. Los resultados te sorprenderán.

En cuarto lugar, el evangelismo en el Nuevo Testamento siempre se caracterizó por *una preocupación genuina por las necesidades
sociales de los perdidos.* Cuando estaba en el seminario, existía cierta
desconfianza entre aquellos que enfatizaban la salvación personal
en el evangelismo y aquellos que enfatizaban el llamado evangelio

social. Sin embargo, los dos son indivisibles. John Stott escribe en su maravilloso libro *Balanced Christianity* (p. 46):

> Es cierto que el Señor Jesús le dio a su iglesia una Gran Comisión de predicar, evangelizar, y hacer discípulos. Y esta comisión todavía sigue vigente para la iglesia. Pero la comisión no suplanta el mandamiento, como si "amarás a tu prójimo" fuese ahora reemplazado por "predicarás el evangelio". Ni tampoco reinterpreta el amor al prójimo exclusivamente en términos evangelísticos. En cambio, enriquece el mandamiento de amar a nuestro prójimo añadiéndole una dimensión nueva y cristiana, a saber el deber de darle a conocer a Cristo.

Vale la pena reflexionar por un momento en lo que Stott está diciendo. Por ejemplo, ¿qué fue lo que llevó a la comunidad pagana en Antioquía a acuñar el término "cristianos" para describir a los seguidores del Camino en medio de ellos (Hechos 11, 26)? ¿No fue acaso su "estilo" de vida, su conducta como Cristo? Estos "cristianos" no eran nada más que las manos y los pies de Jesús en el mundo de ellos. Ellos proclamaban y se preocupaban. Y así mismo debe ser con nosotros hoy día. Nosotros separamos para nuestro detrimento el evangelismo de la preocupación por el bienestar social. Ninguna persona puede ser un cristiano genuino sino permite que Cristo sirva a otros por medio de él o ella. Por supuesto, la proclamación del evangelio es lo principal. Pero la proclamación sin presencia está destinada al fracaso, y los primeros cristianos ciertamente no fueron culpables de esto.

Nuestras iglesias tienen que volver a tomar este balances si hemos de experimentar un evangelismo exitoso en nuestros días. Nada autentica más el evangelio que una preocupación apasionada por las necesidades de la gente y el involucrarnos en sus luchas diarias. Pienso en el centro médico que mi esposa y yo establecimos hace unos años en Etiopía. La gente venía por salud física, pero muchos salían naciendo de nuevo. No había necesidad de convencer a los pacientes de su necesidad física. ¡Ellos estaban muy conscientes de esta realidad! Necesitaban entender que Jesús se preocupaba por toda su persona—cuerpo, alma, y espíritu. Muchas han encontrado ayuda en este sentido en el propio ejemplo de Jesús. Un texto clásico es Mateo 9, 35: "Entonces Jesús fue por todas las ciudades y aldeas, enseñando en las sinagogas, proclamando las buenas nuevas del reino, y sanando toda dolencia y toda enfermedad". Jesús no solamente enseñó y predicó—¡Él sanó! No solamente alimentó a las multitudes—¡Les contó donde podían encontrar el Pan de Vida! La compasión social, entonces, no es simplemente una opción para aquellos que les gusta ese tipo de cosa. Es absolutamente esencial. No debemos sobrevalorar el involucramiento social, pero tampoco debemos desestimarlo. En pocas palabras, si tú crees en Jesucristo, difícilmente puedas ignorar las necesidades sociales de la gente.

Existe una característica final del evangelismo de la iglesia primitiva que no podemos olvidar, y es su énfasis en *el seguimiento*. Sería imposible exagerar la importancia del cuidado post conversión en la vida de la iglesia primitiva. Los primeros cristianos no estaban satisfechos con las tácticas relámpago de algunos evangelistas modernos. Note como se describe el seguimiento en Hechos 2, 41–42.

> *Así que aquellos que recibieron su mensaje fueron bautizados, y en ese día cerca de tres mil personas fueron añadidas al grupo. Se dedicaron a la enseñanza de los apóstoles, a la comunión, al partimiento del pan y las oraciones.*

Los nuevos creyentes necesitan enseñanza y compañerismo, y la iglesia primitiva no escatimó esfuerzos en asegurarse de que lo recibieran. Eso tiene mucho que enseñarle a la iglesia moderna. No puedo dejar de sorprenderme por la forma en que hemos descuidado el seguimiento a los nuevos creyentes. Me asombra que algunos dicen que tuvieron "veinte profesiones de fe" y no pueden dar testimonio de cómo estos nuevos convertidos están siendo alimentados espiritualmente. Es interesante observar que el bautismo parece haber sido administrado inmediatamente después de la profesión de fe. Nosotros veremos en el siguiente capítulo lo importante que es este paso de obediencia. Por lo pronto, es suficiente señalar que en nuestro empeño por hacer "decisiones" por Cristo, a menudo fracasamos en hacer "discípulos" de Cristo como se nos ha encomendado (Mateo 28, 19–20). A menos que exista un seguimiento cuidadoso, es muy poco lo que se podría esperar de esa profesión.

En los siguientes capítulos estaremos viendo en detalle este tema sobre el cuidado después de la conversión. Pero hay un punto final que quisiera hacer en este capítulo. Como hemos visto, en el libro de Hechos ocurre una gran cantidad de actividad evangelística. Esto no es sorprendente a la luz de las últimas palabras de Jesús, "Me seréis testigos" (Hechos 1, 8). En Hechos, testificar es lo central. Es una señal de una vida espiritual genuina, y debería ser nuestra prioridad número uno. No es suficiente decir "Yo soy un seguidor de Jesús". Si somos seguidores de Jesús, entonces debemos convertirnos en sus testigos. ¿Y por qué no podemos hacer esto? Si no hacemos del evangelismo un tema de suma importancia como los primeros cristianos hicieron, nosotros vamos a segar las consecuencias de nuestro descuido. El evangelismo es el instrumento supremo para el crecimiento de la iglesia. Es por eso que la iglesia primitiva lo tenía en tan alta prioridad, y es por eso que nuestras iglesias deben hacer lo mismo. Si vamos a beneficiarnos del ejemplo de estos primeros cristianos, hay pocas áreas en las que deberíamos prestar tanta atención como en la forma en que ellos tan gozosa y apasionadamente compartían las Buenas Nuevas con otros. Una vez nos hayamos asido del gozo y la pasión, será imposible para nosotros sentarnos y dormirnos en nuestros laureles.

2 BAUTISMO CRISTIANO

"Así que aquellos que recibieron su mensaje fueron bautizados, y en ese día cerca de tres mil personas fueron añadidas al grupo".

La segunda marca notable e incuestionable en la vida de la iglesia primitiva es la importancia que los primeros creyentes le atribuían al bautismo cristiano. Es difícil para nosotros darnos cuenta de la importancia de ese evento desde nuestra perspectiva 2,000 años más tarde. No podemos imaginarnos lo que significaba dar ese paso radical de obediencia. Hoy día, el bautismo es visto más como una ceremonia formal que acompaña nuestra conversión, en ocasiones algunos meses o hasta años después de haber venido a la fe. Yo he escuchado de personas que han pospuesto su bautismo hasta que puedan viajar a Israel para "ser bautizados donde Jesús fue bautizado". ¡Quizás Felipe debió haberle dicho al eunuco que se devolviera en su carro para que el etíope recién convertido se pudiera bautizar en el Jordán!

Muchos cristianos se confunden en este punto. Pero la iglesia primitiva no titubeó acerca de la importancia del bautismo. Mucho se podría decir acerca de la práctica del bautismo en la iglesia primitiva, pero existen seis distintivos que salen a relucir al leer el libro de Hechos.

La primera es la *inmediatez* del bautismo. Lo que quiero decir es lo siguiente. En el libro de Hechos a veces encontrarás la conversión acompañada por el don de hablar en lenguas. Pero en cada etapa del avance de la iglesia primitiva, los nuevos creyentes eran bautizados. Era una parte integral de su experiencia de salvación. Te salvaste y te mojaste inmediatamente (ver Hechos 2, 41; 8, 12–13, 36–38; 9, 18; 10, 44–48; 16, 15, 33; 18, 8; 19, 4–5; 22, 15). Es un hecho indiscutible que los cristianos primitivos entendían que el bautismo era una parte vital de la vida cristiana, tanto así que el bautismo era administrado tan pronto como fuera posible luego de que la persona profesara fe en Cristo. La falta de instrucción no era un impedimento.

Esto se debe en parte al segundo distintivo del bautismo, *su significado.* En Romanos 6, 1–4 Pablo explica claramente lo que significa el bautismo. El Bautismo es un retrato maravilloso de la identificación inicial del cristiano con Cristo. Presenta la muerte y resurrección del creyente juntamente con Cristo como "andar en novedad de vida" (6, 4). Se podría decir que es la "insignia del Mesías" para el nuevo pueblo de Dios. Más aún, el bautismo es una señal de la obra del Espíritu. Pablo lo describe en 1 Corintios 12, 13 de la siguiente manera: "por un Espíritu fuimos todos bautizados en un mismo cuerpo". El bautismo en agua es un símbolo de la recepción del Espíritu Santo a nuestras vidas y de nuestra identificación con el cuerpo de Cristo, la iglesia local. Así que el bautismo en agua y en el espíritu van de la mano. Son dos lados de una misma moneda. Es por esto que Pablo puede escribirle a los creyentes en Éfeso, "un Señor, una fe, y un bautismo" (Efesios 4, 6). Pero quizás, podrías preguntar, "Pablo, ¿a cuál bautismo te estás refiriendo—al bautismo del Espíritu o al bautismo en agua? Sería extraño que alguno de los primeros cristianos hiciera una pregunta como esta, ya que para ellos el bautismo era administrado tan pronto como fuera posible luego de la profesión de fe. ¡La expresión "creyente no bautizado" no tendría sentido para ellos! Obviamente, el bautismo espiritual ocurría primero, pero era seguido, tan pronto como fuera posible, por el bautismo en agua.

Creo que las iglesias hoy día harían bien en seguir este patrón. Reconozco que el patrón *bautismo-luego-instrucción* parece ser ilógico. Muchas iglesias, incluyendo algunas en el mundo mayoritario, entienden que es mejor demorar el bautismo hasta después de un tiempo de enseñanza intensiva. El razonamiento para esta decisión es que de esta forma se puede juzgar con mayor certeza luego de un período de prueba que tan genuina ha sido la profesión de fe de una persona. Humanamente hablando, no estoy en desacuerdo con esta manera de pensar en lo absoluto. Lo veo como algo lógico y práctico. Pero la pregunta que debemos hacernos es: ¿Qué dice la Escritura? Esa es la pregunta que siempre debemos hacer. ¿Y cómo responde la Escritura? Existen por lo menos dos razones bíblicas por las cuales el bautismo cristiano debe siempre seguir inmediatamente la conversión. La primera es el mandato del Señor mismo. En Mateo 28, 19–20, Jesús nos dio instrucciones claras. Note el orden: bautizando, *y luego enseñando.* Este orden no es opcional; ¡nosotros no tenemos el derecho de revertirlo! Pero existe una segunda razón por la que debemos insistir en la inmediatez del bautismo: el patrón que nos presenta la iglesia primitiva. Cuando observamos la manera en la que los primeros cristianos buscaron llevar a cabo la Gran comisión, podemos ver un notable contraste con la manera en que hacemos las cosas en la iglesia moderna. De acuerdo al mandato de su Señor, la iglesia primitiva no interpuso un período de catequismo entre la conversión y el bautismo. Tanto el eunuco etíope (Hechos 8) como el carcelero de Filipos (Hechos 16) son buenos ejemplos en cuanto a esta práctica. De la misma manera, nosotros debemos tener cuidado en alterar nuestras prácticas para que encajen con nuestra lógica. De hecho, "lo que Dios ha juntado, que no lo separe el hombre". El ejemplo de la iglesia primitiva nos llama al arrepentimiento, y luego a implementar el patrón de la inmediatez en el bautismo con una seriedad renovada.

La tercera característica del bautismo cristiano es la *distinción del bautismo judío.* El bautismo para los creyentes del Nuevo Testamento era muy diferente al de los lavamientos judíos con los cuales los primeros cristianos, siendo judíos, estaban familiarizados. Dos cosas en particular distinguen el bautismo cristiano del bautismo judío. En primer lugar, el bautismo cristiano nunca era auto-administrado. Siempre era realizado por otra persona. ¡Que maravilloso retrato de nuestra salvación! El agente en nuestra salvación es Cristo; nosotros somos simplemente recipientes. Además, nosotros no contribuimos absolutamente nada a nuestra salvación; es un regalo de gracia que no puede ser ganado, sólo recibido.

La segunda manera en la que el bautismo cristiano se distingue del bautismo judío es por el hecho de que no se repite. Era un evento de una vez y para siempre. Los bautismos judíos ocurrían frecuentemente. Este no era el caso con el bautismo cristiano. Esta distinción era tan importante que el autor de Hebreos lo considera como una de las seis verdades fundamentales del Cristianismo (Hebreos 6, 2). Aquí "instrucción acerca de lavamientos" se refiere a la diferencia entre el bautismo cristiano y ritos similares judíos tales como el bautismo proselitista, el bautismo de Juan, y los bautismos de la secta del Qumran. Bíblicamente hablando, existe sólo un bautismo para cristianos, y no tiene que ser repetido.

En cuarto lugar, al leer el libro de Hechos uno se sorprende con la *naturaleza pública* del bautismo cristiano. En el Día de Pentecostés, por ejemplo, leemos que cerca de 3,000 creyentes fueron bautizados. La arqueología sugiere que estos nuevos convertidos aprovecharon las numerosas piscinas bautismales (*mikvot*) ubicadas cerca de la entrada del monte del templo, un lugar muy público. Los amigos y familiares de aquellos que fueron bautizados sin lugar a dudas fueron testigos de este paso de obediencia. Evidentemente estos cristianos no estaban avergonzados de hacer pública su nueva fe. Y su ejemplo es un recordatorio para nosotros hoy de que el bautismo debe ser un acto observable siempre y cuando sea posible. Se podría decir que para el cristiano viene a ser como el juramento de fidelidad a Jesucristo. Para utilizar una analogía un poco diferente (aunque relacionada): el bautismo es el anillo de boda que colocamos en nuestro dedo durante nuestra ceremonia de matrimonio. El anillo en nuestro dedo no nos hace estar casado. Es simplemente un símbolo, y uno hermoso, de que estamos casados. Y que se sepa: nosotros no esperamos una semana o un mes o un año después de la ceremonia para empezar a usar nuestro anillo. Por el contrario, estamos deseosos de que todo el mundo sepa que ya no estamos solteros.

El bautismo es como ese anillo de bodas. Es una marca, estampada sobre nuestros cuerpos físicos, que le dice a todo el mundo que ya no estamos solos: le pertenecemos a Otro, y también pertenecemos a la gente que él llama su cuerpo. Mi propio bautismo en Hawái fue un evento muy público: ¡ocurrió en la Playa Kailua donde yo nadaba y surfeaba diariamente! Nunca olvidaré mi gran desilusión cuando, algunos años más tarde, nuestra iglesia decidió construir un bautisterio bajo techo. "Es más conveniente que el ir a la playa", me dijeron. Quizás sería más conveniente, pero ¿sería más bíblico? ¿Por qué mover nuestros bautismos bajo techo y abandonar una oportunidad preciosa para presentar el evangelio a nuestros vecinos y amigos no creyentes? Todavía estoy esperando una respuesta satisfactoria a esa pregunta.

Una quinta observación sobre el bautismo cristiano quizás no sea tan obvia, pero sí queda implicada en lo que encontramos en el libro de Hechos. Esto es su *naturaleza igualitaria*. Lo que quiero decir es que cualquier persona que había nacido de nuevo podía recibirlo, y cualquiera que había nacido de nuevo podía administrarlo. El bautismo era para el judío y el griego, para el rico y el pobre, para el joven y el viejo, para el hombre y la mujer. Hoy podríamos decir que el bautismo cristiano es para los conservadores y liberales, para Republicanos y Demócratas, para blancos e hispanos, para creyentes educados en el hogar y para creyentes educados en escuelas públicas. El bautismo, así como la cena del Señor, es el gran igualador para el cristiano. *Todos* nosotros pasamos por las aguas del bautismo y se demanda (y podría añadir que también se nos habilita) de *todos* que andemos en novedad de vida. La decisión de ser bautizado, por supuesto, es individual, pero la salvación conlleva una integración a la comunidad de "aquellos que han sido salvados" (Hechos 2, 47).

¿Y quién administraba el bautismo? No hay evidencia en el libro de Hechos o las epístolas del Nuevo Testamento de que esta responsabilidad descansaba sobre los hombros de los apóstoles o "líderes ordenados". Esto no debería sorprendernos. La esencia de la enseñanza del Nuevo Testamento acerca del liderazgo de la iglesia es que los líderes deben ser facilitadores. En otras palabras, no es tanto que ellos hagan la obra del ministerio, sino que preparen a otros a hacer la obra (ver Efesios 4, 11–12). Ellos son como un equipo de pozo de NASCAR que te echan el combustible para que tú puedas correr la carrera. A pesar de que nunca he sido ordenado como ministro, he tenido el privilegio de bautizar mis propios hijos. Quizás has tenido una experiencia similar. Algunos pudieran objetar diciendo "¡Pero el bautismo debe ser administrado de manera apropiado por ministros ordenados!" Mi respuesta es que no encuentro evidencia para esta conclusión en la Escritura. Los "ministros" cristianos no son más sacerdotes, ni menos, que los otros miembros del cuerpo de Cristo. Cuando se quiere sugerir que sólo los ministros ordenados pueden bautizar nuevos creyentes, esto es algo de lo cual no encontramos asidero en el Nuevo Testamento, el cual ve a todos los creyentes como sacerdotes del Dios Altísimo. De hecho, la Gran Comisión—ir, bautizar, enseñar—fue dada a todos los cristianos, no sólo a un grupo ministerial. ¿Debemos, por tanto, limitar el ministerio del bautismo a los ministros ordenados? Podemos hacerlo si queremos, pero no encontraremos apoyo del Nuevo Testamento para llegar a esa posición. Como nota Eduard Schweitzer en su libro *Church Order in the New Testament* (p. 186), "Los apóstoles no eran los que bautizaban como regla (Hechos 10, 48; compare 19, 5 con 6a; 1 Corintios 1, 14–17). Los miembros ordinarios de la iglesia son los que bautizan (Hechos 9, 18)". Las palabras de Schweirtzer son sabiduría para hoy. Haríamos bien en seguirlas.

En sexto y último lugar es importante notar que el bautismo cristiano requería de *valor*. Realmente ponía en la mirilla a los primeros cristianos. Es por esto que no nos sorprende que el bautismo era el clímax de todos los sermones evangelísticos en Hechos. El bautismo es la manera en que la iglesia primitiva asegura el compromiso—no por medio de levantar manos o caminar por un pasillo o firmar una tarjeta de compromiso. El hecho era simple pero profundo. "He decidido seguir a Jesús", así lo dice el viejo corito. "Estoy quemando mis puentes. No hay vuelta atrás". Decir esto, y de manera pública, requiere de mucho valor. ¡Pero gracias a Dios: Él "no nos ha dado un espíritu de temor, sino de poder, amor, y una mente sana" (2 Timoteo 1, 7!

Aquí están estas seis cosas que los creyentes primitivos valoraban para su vida y ministerio. Tenemos mucho que aprender de ellos hoy día. El bautismo es un retrato maravillo de nuestra unión con Cristo. Es, por decirlo así, "el precio de admisión" a la iglesia. Es el primer acto de obediencia del creyente, el símbolo de que nos hemos despojado de la vieja vida y hemos sido levantados para andar en novedad de vida. Existe una evidencia amplia de que la iglesia primitiva consideraba el bautismo como un medio de iniciación a la iglesia. Los 3,000 convertidos en el Día de Pentecostés pasaron a ser parte de una comunidad distinta—una comunión apostólica basada en la enseñanza apostólica. Si hemos de aprender algo de los primeros cristianos, debemos descubrir una vez más el significado y la bendición del bautismo cristiano. ¿Lo has recibido entendiendo que no eres digno y con ferviente gratitud?

No sería apropiado concluir este capítulo sin antes mencionar dos áreas de desacuerdo con respecto al bautismo cristiano que existe entre seguidores comprometidos de Jesús. La primera tiene que ver con quienes pueden recibir el bautismo cristiano: ¿deberían los niños ser bautizados al igual que los adultos? La segunda pregunta tiene que ver con el modo del bautismo: ¿es el bautismo por inmersión el único modo escritural de bautizar a una persona, o podría ser también por aspersión? Mi propia convicción es que el bautismo bíblico es sólo para creyentes, sólo por inmersión. Pero, ¿cómo llegué a tener esta convicción? ¿Y cómo puedes llegar tú a tener una convicción sobre este tema?

Existen tres razones por las cuales sostengo mi posición sobre el bautismo: mi trasfondo, entrenamiento y estudio personal de la Biblia. Yo siempre he sido un Bautista. Yo me convertí en una iglesia Bautista, y he asistido a distintas iglesias Bautistas desde entonces. Ese es mi trasfondo, lo cual no garantiza que mis creencias sean necesariamente correctas.

En segundo lugar está mi entrenamiento. Mi educación ha reforzado mis creencias personales acerca del bautismo. Tanto Biola University como Talbot School of Theology (donde recibí mi licenciatura y maestría en Divinidad, respectivamente) son instituciones de alta educación con afiliaciones bautistas. Aún cuando asistí a la Universidad de Basel en Suiza para mi doctorado en teología, allí encontré teología bautista. Nunca olvidaré sentarme en la clase de Markus Barth sobre el evangelio de Marcos y escucharlo defender el bautismo de creyentes, no sólo una vez sino en varias ocasiones, y de manera extendida. ¡Y esta era una universidad "reformada"! Markus Barth no era el único con este punto de vista. Su famoso padre, Karl Barth, ya hacía mucho tiempo que se había opuesto al paedobautismo (el bautismo de infantes) y hasta publicó un libro sobre el tema (*The Teaching of the Church Regarding Baptism*).

Finalmente, está mi propio estudio personal de las Escrituras. ¿Qué dirección nos puede brindar el libro de Hechos? Yo sostengo que el libro de Hechos no se refiere de manera específica al bautismo de infantes. Los "bautismos familiares" ciertamente ocurrieron en por lo menos cinco ocasiones, pero uno no puede probar, sólo de la Biblia, que estas familias incluían infantes o niños tan pequeños que no eran capaces de ejercer fe y arrepentirse. El libro de Hechos nunca habla en relación al bautismo sin mencionar la fe y el arrepentimiento. El bautismo de infantes simplemente no tiene sentido si uno cree que una decisión inteligente es necesaria para ser salvo.

¿Cuál debería ser su posición en temas controversiales como este? Me parece a mí que su punto de vista va a ser formado por los mismos tres factores que formaron el mío: su trasfondo, su entrenamiento, y (sobre todo) su estudio personal de la Escritura. Mucho se ha escrito sobre el tema, y se debe reconocer que una gran parte se apoya más en suposiciones que en haber luchado con el texto de la Escritura. En la medida que maduramos en la vida cristiana, la doctrina puede tornarse cada vez más confusa, no menos. Seríamos sabios en no tomar una decisión sin haber antes orado y estudiado la Biblia seriamente. Y aún si nos ponemos de acuerdo para estar en desacuerdo con nuestros hermanos cristiano en estos temas, esto no es una razón para desmembrar el cuerpo de Cristo. Cuando Pablo y Bernabé tuvieron su desacuerdo (el griego de Hechos 15, 39 implica una "gran desacuerdo"), ellos continuaron sus respectivas obras misioneras. Y así mismo debemos hacer nosotros cuando nos enfrentemos a desacuerdos con otros hermanos. Yo estoy tan agradecido por el ejemplo de Bo Reicke, mi "Doctor Padre" en Basel, quien me llevó de la mano siendo yo un joven estudiante. Este maravilloso hombre fue un Luterano comprometido pero pudo trabajar con un Bautista comprometido. Este hombre tenía la mente de un erudito y el corazón de un pastor, y hoy estoy muy agradecido de poder honrarlo como él merece. La unidad no demanda uniformidad. Pero si implica interdependencia. Si la iglesia falla en exhibirla, contradice el mismo evangelio de reconciliación que predica.

3 ENSEÑANZA APOSTÓLICA

"Ellos se dedicaron a la enseñanza de los apóstoles".

Ahora llegamos a la tercera marca de una iglesia del Nuevo Testamento, su compromiso a la verdad bíblica. Uno de los aspectos más débiles de la iglesia occidental es nuestra deficiencia en enseñar apropiadamente a los nuevos creyentes. Como resultado, la iglesia en América está infestada por el analfabetismo bíblico. Esta es una debilidad que encontramos en iglesias tradicionales, y a menudo también en iglesias evangélicas.

Recuerdo una ocasión en la que participé en el comité que examinaba a un doctorando del Nuevo Testamento. El estudiante dominaba una buena cantidad de información fáctica sobre el Nuevo Testamento—las soluciones más importantes para el problema sinóptico, las distintas escuelas de la crítica textual, el trasfondo de la correspondencia a los Corintos, y así sucesivamente—pero fracasó profundamente en proveer las citas específicas de diez versículos bien conocidos del Nuevo Testamento que le recité. Cuando el argumentó que fue por falta de tiempo, gentilmente le mostré porque no es suficiente conocer información acerca del Nuevo Testamento; los graduados en estudios del Nuevo Testamento deben tener un dominio del mismo Nuevo Testamento. Es irónico que los cristianos evangélicos, que a menudo son los más ruidosos en su condenación del analfabetismo bíblico, también a menudo son culpables de lo mismo. Aprender doctrina cristiana básica es una parte vital del discipulado. Empieza con conocer ciertas realidades acerca de la Biblia, pero también requiere obediencia a las verdades de la Escritura. Lo que perseguimos es un conocimiento creciente del Señor Jesucristo que cambiará nuestras vidas totalmente.

Como podemos ver en nuestro texto, la preparación de los nuevos creyentes es un área a la que los cristianos primitivos prestaban suma atención. La iglesia primitiva priorizó la palabra. Nosotros podemos ver esta prioridad en Jerusalén cuando los apóstoles insistieron que ellos debían entregarse "al ministerio de la palabra y oración" (Hechos 6, 4). Lo vemos en Antioquía de Pisidia cuando toda la iglesia se congregó "a escuchar la palabra del Señor" (Hechos 13, 44). Lo vemos en Éfeso cuando la gente de toda Asia vino y "escuchó la palabra del Señor" mientras Pablo se involucró en la enseñanza por dos años (Hechos 19, 10). De hecho, en la medida que la palabra "crecía", así también lo hacía la iglesia (Hechos 6, 7). El Cristianismo primitivo era indetenible porque era bíblico en su esencia. Y todo surgió de la enseñanza original de los apóstoles.

Dando por sentado el hecho de que la iglesia primitiva tenía un compromiso con la Escritura, de conocerla y obedecerla, ¿cómo era enseñada la Escritura? ¿Quiénes eran los maestros? Podemos decir tres cosas.

1. La verdad acerca de Jesucristo fue originalmente enseñada por los mismos apóstoles—hombres quienes habían estado con Jesús y le habían escuchado personalmente. Es claro por el uso que ellos hacían del Antiguo Testamento en sus predicaciones del evangelio que estaban empapados de las Escrituras. La Biblia era fundamental para su estilo de vida. Era la leche que les nutría (1 Pedro 2, 2) y la carne que les permitía madurar (Hebreos 5, 12–14). Eventualmente los apóstoles (y sus asistentes) produjeron su propia literatura—los Evangelios y cartas y aún una profecía magnífica de los últimos días (el libro de Apocalipsis). Estos primeros creyentes no tuvieron seminarios ni centros de entrenamiento ni conferencias bíblicas pero tenían la verdad. Para ellos, la palabra de Dios era "viva y poderosa y más afilada que cualquier espada de doble filo" (Hebreos 4, 12).

Eso todavía es cierto el día de hoy. ¿Conoce alguna iglesia que ame la palabra de Dios? Esa será una iglesia donde los líderes estudian la Biblia diligentemente y dependen de ella para proveer la dirección que necesitan. Tal iglesia, también, es muy probable que sea una iglesia que esté creciendo, por lo menos en obediencia. Recientemente la congregación donde me congrego entendió que era bíblico tener ancianos en la iglesia. Previamente, nuestro liderazgo estuvo enseñando a través del libro de Hechos y se pudo apreciar un claro patrón del liderazgo de ancianos. Eventualmente la congregación preguntó, "¿Por qué no podemos tener ancianos también?" Pero aún más impresionante fue el amor que mostramos de manera tan clara los unos por los otros. El tema fue discutido ampliamente y la decisión se tomó sólo cuando llegamos a tener un pensamiento unánime. Cuando como congregación estudiamos su palabra (y no sólo libros acerca de su palabra), nosotros podemos esperar que el Espíritu Santo nos guíe a la verdad y obediencia. ¡Si sólo ocurriera más a menudo!

2. Otra cosa que aprendemos al leer el Nuevo Testamento es lo variado que era el ministerio de enseñanza de la iglesia primitiva. Hoy en día nos enfocamos casi exclusivamente en el ministerio del púlpito. "Voy a la iglesia del pastor fulano de tal"—un pastor muy reconocido usualmente por su habilidad en el púlpito. En una iglesia como Corinto o Filipos, esperaríamos encontrar a un "senior pastor" que fuera conocido por su "predicación expositiva dinámica". Pero no encontrarás nada semejante en las páginas del Nuevo Testamento. Ni siquiera conocemos los nombres de los pastores de las iglesias en el Nuevo Testamento. (De manera incorrecta, frecuentemente Timoteo y Tito son identificados como pastores.) La razón es clara. El liderazgo en la iglesia primitiva fue un ministerio compartido. Sus iglesias disfrutaban de una "amistad de liderazgo" (el término es de Michael Green). ¡Qué sabios fueron ellos! No eran iglesias cuya existencia y ministerio giraban en torno al púlpito como encontramos hoy día en muchas de nuestras iglesias. Sin lugar a dudas, la enseñanza formal estaba presente. Pero esto no significa que los líderes eran los únicos que hablaban. Aún Pablo, cuando se reunió con los creyentes de Troas, se involucró en un diálogo con su audiencia en vez de dispensarles un largo monólogo (Hechos 20, 7).

No sólo eso. El Espíritu Santo podía dirigir a varias personas para llevar la palabra a la iglesia (1 Corintios 14, 29), y se esperaba de los creyentes que se "enseñaran y amonestaran el uno al otro" (Colosenses 3, 16). Yo creo que una de las lecciones que hoy día debemos esforzarnos en aprender es la importancia del ministerio mutuo en cuanto a la enseñanza de la Escritura. Con esto no se procura minimizar el ministerio de los pastores-maestros. ¡Yo he entrenado un buen número de ellos a lo largo de los años! ¿Y quién de nosotros no se ha beneficiado de un mensaje por el cual se ha orado, un mensaje bíblico, que exalta a Cristo, y que ha sido predicado en el poder del Espíritu y con humildad? Tampoco estoy sugiriendo que adoptemos la mentalidad de que cualquier cosa es válida para el desarrollo de nuestras reuniones congregacionales. Yo simplemente estoy proponiendo que seamos sensibles al Espíritu Santo de tal forma que no sea imposible para el Espíritu enviar un mensaje al pueblo por medio de cualquier miembro de la congregación a quien él motive a hablar. Esto no es un sueño de mi parte. He visto muchas congregaciones donde esto ocurre, incluyendo la mía. Creo que la mayoría de las iglesias podrían animar aún más a sus miembros de esta manera. De esta forma, muchos en la congregación estarán preparados para poner en práctica la enseñanza de Hebreos 10, 24–25. Las reuniones dejarían de ser momentos en los que se escucha pasivamente a oportunidades para involucrarse en la edificación mutua. No hay nada en el mundo tan atractivo como una reunión donde Jesús es lo principal, no un predicador en particular, sin importar que tan capacitado sea él. Quizás este era el secreto más importante de la iglesia primitiva: insistía que Jesucristo, el pastor "titular" de la iglesia, tuviese el primer lugar en todo (Colosenses 1, 18).

3. Pero, ¿y qué acerca del estudio de la Biblia de manera personal? Permítame llamar su atención a un maravilloso versículo, 1 Juan 2, 27a: "Pero la unción que habéis recibido del Espíritu Santo permanece en vosotros, y no necesitáis de ningún otro maestro". ¿Vieron eso? Lo que Juan está tratando de decir es que cuando hablamos de estudiar las Escrituras, al final de cuentas tú eres el responsable. Podríamos resumirlo de la siguiente manera: Si el Espíritu Santo ha venido a tu vida, entonces tú tienes todo lo que necesitas para empezar un estudio serio de la Biblia. Entonces, ¿ha venido el Espíritu a tu vida? Yo te animo a que respondas esa pregunta antes de seguir leyendo este libro. No importa si estás yendo a la iglesia o si tu nombre está inscrito en el libro de membresía. Es un asunto de haber "nacido de nuevo" genuinamente (Juan 3, 3).

Cuando una persona viene a Cristo inicia una nueva vida. Habiendo encontrado a Cristo, nuestro mayor deseo es conocerlo más y más. Esta es la esencia misma de la vida cristiana. Como dice Pablo, "Mi meta es conocerle" (Filipenses 3, 10). ¿Tienes un verdadero deseo de conocer a Cristo? ¿Estás hambriento y sediento por él? Lo que me gustaría preguntarles a cristianos que no tienen deseo de leer la Biblia es esto: ¿verdaderamente conoces al Señor? El amor por Cristo es una marca de ser un cristiano. Por lo tanto, el estudio de la Biblia es una marca del discipulado, porque ¿cómo podemos amar a una persona y no querer conocer quién es esa persona?

Así que pregunto: ¿Conoces a Cristo? Si tienes alguna duda, me gustaría dirigirte a una carta del Nuevo Testamento que fue escrita especialmente para ti. Ya la hemos citado aquí. Juan escribió su primera carta para que sus lectores pudieran conocer si tenían vida eterna. Y en esta breve carta encontrarás diversas pruebas a través de las cuales esta nueva vida se podrá manifestar. El apóstol Juan presenta de una manera muy clara que cuando venimos a conocer a Jesucristo personalmente, iniciamos una vida de amistad con él—una relación personal en vez de ser una relación mediada la cual se supone que debe crecer más y más hasta el día en que nos encontremos con él "cara a cara" (1 Juan 3, 1). Juan está enfatizando la suficiencia del Espíritu Santo en lo que se refiere a conocer la verdad espiritual. Es él quien nos concede el entendimiento de la Escritura. Es él quien nos permite crecer en conocimiento y madurez espiritual. Es él quien ilumina nuestros corazones y mentes para que apreciemos no sólo la persona de Cristo, pero también su voluntad para nuestras vidas. El Espíritu es por tanto el intérprete supremo de la palabra de Dios. Una vez entiendes esto, el estudio de la Biblia se convertirá en una parte importante de tu vida, una disciplina que difícilmente puedas descuidar. Esto significa que una vez hemos venido a la fe en Cristo, ya no necesitamos depender de maestros humanos para que nos guíen, a pesar de que éstos puedan ser de ayuda. Como nuestra "unción", el Espíritu Santo no sólo nos enseña la verdad de Dios, sino que también nos guía en la medida que buscamos vivir esa verdad en nuestras vidas. Nosotros tenemos en el Espíritu un maestro que reside en nosotros para mostrarnos la mente del Señor. Por esto no debe sorprendernos que un número creciente de cristianos hoy día están encontrando un nuevo amor por la Biblia.

Si Dios te da ese amor, agradécele, y úsalo creyendo y conociendo que así es que el Espíritu obró en la iglesia primitiva. No estoy hablando de hacer de la Biblia una obsesión. No nos atrevamos a caer en la trampa del legalismo con respecto a la palabra de Dios. No tengo consejo para ti en cuanto al momento en que debes leer la Biblia, o que tan a menudo. No tengo deseo de discutir contigo acerca de cuál es la "mejor" traducción de la Biblia. (El hecho es que existen numerosas traducciones de la Biblia de muy buena calidad.) Lo importante es que te encuentres con el Señor. No tengas temor de la variedad. Tu relación con el Señor es justo eso: una relación que no puede ser reducida a un número de reglas. Recuerda siempre que es el Espíritu Santo quien te permite entender lo que estás leyendo. Así mismo, es el Espíritu quien te capacita para compartir tu vida con tu Amigo. No, no hay nada de malo con un sistema disciplinado de estudio de la Biblia. Pero si está muy mal el adorar tu sistema y querer imponerlo sobre otros.

Así que, nuestros maestros son varios: líderes preparados, nuestros hermanos cristianos, y al final de cuentas el mismo Espíritu Santo. ¿Existen otras implicaciones de lo que hemos visto sobre la enseñanza en el Nuevo Testamento? Algunas sobresalen.

En primer lugar, me sorprende la seriedad con la que estos primeros cristianos asumieron su responsabilidad de ayudarse los unos a los otros a crecer en la fe. La edificación mutua es absolutamente necesaria para la madurez cristiana. La realidad es que tenemos mucho que aprender el uno del otro. Note que todos los que dijeron "No tendrás necesidad de que alguien te enseñe" eran maestros. Es interesante y significativo el hecho de que los lectores de Hebreos fueron exhortados a ser "maestros" (Hebreos 5, 12). Es imposible el que podamos vivir recluidos en una pequeña esquina de nuestras vidas sin interactuar con otros cristianos. Piensa por un momento acerca de la metáfora de la iglesia como el cuerpo de Cristo (1 Corintios 12, 12). Si hay algo claro en este pasaje es nuestra interdependencia de todas las distintas partes del cuerpo.

En otras palabras, nos necesitamos el uno al otro, especialmente para poder entender y obedecer la palabra de Dios. Yo les animo a ser parte de una iglesia local que anima este tipo de edificación mutua. Si asistes a una iglesia donde se predica desde el púlpito regularmente la palabra, asegúrate de que la enseñanza es sana y que se anima la retroalimentación. (Un monólogo no requiere la exclusión de la participación de la audiencia.) Asegúrate de involucrarte en grupos de estudios de la Biblia. Recuerda que todos los creyentes somos iguales: somos maestros y a la vez somos enseñados por compañeros que son tan pecadores como nosotros y también están aprendiendo de la palabra. Si es posible, aprovecha las oportunidades de un estudio formal de la Biblia. Para que una iglesia local pueda tener un impacto significativo en su comunidad debe convertirse en un centro de aprendizaje, un lugar donde la verdad es valorada y enseñada. (En mi libro *The Jesus Paradigm*, dedico un apéndice completo al tema de "Regresando la Educación Bíblica a la Iglesia Local".)

Una segunda cosa que podemos apreciar es la importancia de la obediencia. El conocimiento por sí solo nunca puede ser nuestra meta. "El conocimiento envanece, pero el amor edifica" (1 Corintios 8, 1). No es necesario que tú recibas un certificado en estudios bíblicos. Y por favor, no envidies al "Doctor" fulano de tal por sus credenciales: es sólo un símbolo de estatus inventado por el hombre. Al mismo tiempo, nunca olvides que tu amistad con Cristo necesita ser cultivada, y que la obediencia en amor de nuestra parte siempre es la mejor respuesta. Un día, un predicador invitado del Medio Oriente ministró la palabra en nuestra iglesia local. El compartió con nosotros la condición horrible de las niñas cristianas esclavas en Paquistán. El concluyó diciéndonos que costaría simplemente 2,000 dólares americanos para asegurar la libertad de una niña de ese terrible estilo de vida. Inmediatamente, sentí que el Espíritu me motivó a decir algo acerca de esto. Pedí permiso a los ancianos para hablar, y dije, "Hermanos y hermanas, la Escritura es clara al decirnos que debemos ayudar a estas hermanas en Cristo. ¿Acaso no nos dice Pablo en Romanos 12, 13 'Comparte lo que tienes con el pueblo de Dios que está en necesidad'? Aquí están los primeros cien dólares. ¿No habrá entre nosotros 19 personas más que en este mismo día contribuyan para redimir de la esclavitud una niña paquistaní?" Rápidamente las manos empezaron a levantarse hasta que la meta fue alcanzada. Usted ve, para mí era muy distinto saber lo que dice la Biblia—"Comparte lo que tienes con el pueblo de Dios que está en necesidad"—y luego decir "¿y qué? No me importa lo suficiente como para hacer algo al respecto". La razón principal por la que el Espíritu inspiró la Biblia no fue el proveernos información, aunque lo hace, sino producir en nosotros un carácter como el de Cristo—hacernos un pueblo dispuesto a "cargar con las cargas de los demás y así cumplir con la ley de Cristo" (Gálatas 6, 5).

Una tercera área que me llama la atención es el peligro del anti-intelectualismo. Esto tiene que ver con una desconfianza de la mente. Un trabajo bien documentado sobre este fenómeno es Anti-Intellectualism in American Life de Richard Hofstadter. El cristianismo es una fe razonable. Nunca olvidaré cuando escuché a Francis Schaeffer decirle a un grupo de estudiantes en Suiza que cuando la gente se convierte no tiene por qué poner en neutro su cerebro. Cuando ves que el apóstol Pablo se detuvo en una ciudad por mucho tiempo (por ejemplo, Éfeso), fue principalmente para enseñar. La iglesia primitiva trabajó duro para entrenar a los nuevos discípulos. Las habilidades exegéticas son especialmente importante en días como los nuestros en los cuales la gente es alérgica a la ardua tarea de profundizar en la Biblia para extraer la verdad por sí mismos. La Biblia nos prohíbe que seamos como los animales que "no tienen conocimiento" y nos manda a ser "maduros" en nuestro entendimiento (Salmo 32, 9; 1 Corintios 14, 29). "Es fundamental para nosotros", escribió John Wesley, "que el renunciar a la razón es igual a renunciar a la religión, que la religión y la razón van de la mano, y que toda religión irracional es una religión falsa" (citado en R. W. Burtner y R. E. Chiles, A Compend of Wesley's Theology, p. 26). La verdad llana es que Dios nos creó como seres racionales. El anti-intelectualismo es por tanto una amenaza seria a un Cristianismo balanceado. Lo que debemos siempre perseguir es una combinación del intelecto y la emoción.

Esto me lleva a mi observación final. A pesar de nuestro compromiso con la enseñanza apostólica, debemos reconocer que siempre tendremos alguna incertidumbre o duda con respecto a una u otra doctrina. Simplemente, tendremos que aceptar esa realidad. Yo soy bautista. La casa editorial de este libro es metodista. ¿No es esto acaso una falta de lealtad a su denominación? A menudo escuchamos acusaciones como estas, pero simplemente no se corresponden con la verdad. Es posible que estés convencido de lo que tú crees sin ser petulante al respecto. Realmente tiene que ver con lo siguiente: humildad. Recuerdo haber asistido unos años atrás a una conferencia en Trinity Evangelical Divinity School. El título de la conferencia era "Afirmaciones Evangélicas". Kenneth Kanzter había reunido dos profesores de cada uno de los seminarios más influyentes de Norte América. Durante dos semanas discutimos doctrina cristiana. Rápidamente nos dimos cuenta de que habían muchas cosas en las cuales no estábamos de acuerdo. Algunos entendían que las señales eran temporales. Otros creían que eran válidas para el día de hoy. Pero ambos lados estaban de acuerdo en el hecho de que el ministerio del Espíritu es indispensable para la vida cristiana. Todos los cristianos deberían estar de acuerdo en ese punto.

Por supuesto, debemos estar alertas por causa de la falsa enseñanza. Como vemos en el libro de Gálatas, los cristianos corremos el peligro de añadir algo a la obra de Cristo y a su suficiencia. Por esta razón, y muchas otras, nosotros debemos tener cuidado de cualquier cosa que se desvíe (o parezca que se desvíe) de la creencia ortodoxa cristiana. Pero hay mucho que une a los cristianos, y por esto debemos agradecer a Dios. Lo mejor de la Escritura es que nos acerca a nuestro Salvador quien es el ejemplo perfecto de cómo debemos vivir. Por supuesto, este cambio para parecernos más a Jesús no ocurrirá de la noche a la mañana. Conocemos el poder del pecado. Nunca dejará de sorprendernos lo cruel que la lucha contra la maldad puede ser. Pero una vez tenemos a Cristo en medio nuestro, el proceso de parecernos más a Cristo durará por toda nuestra vida, hasta que un día todas las barreras sean removidas y nada esté en medio de nosotros y el Señor.

Hasta ese entonces, continuemos nuestra entrega a la enseñanza de los apóstoles tanto de manera individual como de manera congregacional.

4 RELACIONES GENUINAS

"Ellos se dedicaron . . . a la comunión"

Vimos en el capítulo 1 que los primeros cristianos evangelizaron fielmente a sus vecinos. Su labor misionera fue persistente y relacional. Y su éxito fue asombroso. Sin lugar a dudas, uno de los secretos principales de su impacto fue el cuidado excepcional que tenían el uno para con el otro. Para ponerlo de manera simple: ellos disfrutaban una nueva forma de vida que atrajo a otros al Salvador. Una de las maneras en las que se podía apreciar este nuevo estilo de vida era por medio de la "comunión" que tenían unos con otros. La palabra Griega que Lucas usa es *koinonia.* En el Nuevo Testamento esta palabra se ha traducido como "comunión", "participación", y "contribución". Me parece que la mejor manera de traducirla es "compartir". Estos creyentes primitivos *compartían la vida juntos.* Ellos eran de un solo corazón y un alma, tanto así que estaban dispuestos a compartir sus posesiones el uno con el otro. Ellos "tenían todas las cosas en común" (Hechos 2, 44). Su comunión rompía todas las barreras.

Este es otro lugar en donde la iglesia moderna a menudo se equivoca. Nuestra falta de *koinonia,* de relaciones genuinas, se convierte en una piedra de tropiezo para mucha gente que está buscando un amor auténtico en acción. Los primeros cristianos fueron exitosos donde nosotros fallamos por su gran preocupación el uno por el otro. Uno no puede dejar de apreciar como ellos manifestaban su *koinonia.* Encontramos que la iglesia del Nuevo Testamento estaba dedicada por lo menos a tres prioridades.

En primer lugar, *era una iglesia entregada a la edificación mutua.* Existen tres pasajes del Nuevo Testamento que se refieren directamente a este tema. En Hebreos 10, 24–25 leemos: "Pensemos en maneras para motivarnos uno al otro hacia manifestaciones de amor y buenas obras, sin descuidar nuestras reuniones, como algunos hacen, sino animándonos unos a otros, especialmente ahora que el día de su regreso se está acercando". ¡Por supuesto que este pasaje está haciendo muchísimo más que condenar a los cristianos que no asisten a la iglesia cada Domingo!

También está 1 Corintios 14, 26: "¿Qué pues haremos, hermanos y hermanas? Cuando se reúnen, cada uno tiene un himno, una enseñanza, una lengua, o una interpretación. Que todas las cosas sean hechas para la edificación".

Un último pasaje es 1 Pedro 4, 7–11: "El fin de todas las cosas está cerca. Por tanto, deben tomar las cosas en serio y estar alertas por causa de vuestras oraciones. Sobre todo, ámense el uno al otro de todo corazón, porque el amor cubre una multitud de pecados. Sean hospitalarios unos con otros sin quejarse. Como buenos mayordomos de la gracia de Dios, sírvanse el uno al otro con cualquiera sea el don que hayan recibido. El que hable debe hacerlo como uno que habla las mismas palabras de Dios. El que sirve debe hacerlo con la fortaleza que Dios suple, para que así Dios sea glorificado en todas las cosas por medio de Jesucristo, a quien pertenecen la gloria y el poder por siempre y para siempre. Amén".

¿No habrá acaso alguna lección importante en estos textos? Nosotros tendremos iglesias saludables y *koinonias* genuinas en la medida que estamos dispuestos a usar nuestros dones en servir a otros en el cuerpo de Cristo. Sin embargo, aparentemente muy pocas iglesias creen esto. No existe una vida auténtica del cuerpo. No hay un compromiso a ministrar a todos los miembros. No hay una expectativa de que Dios puede y de hecho usa a cada creyente en la edificación de la familia completa de la iglesia. No existe un sentir de que la participación si es importante. Pero aun así, se escuchan súplicas en nuestras iglesias, súplicas estremecedoras por más reuniones participativas. Si las súplicas son escuchadas, a menudo la respuesta es, "Pero nunca lo hemos hecho así en el pasado". La súplica parece muy radical, porque la iglesia cristiana se ha apartado radicalmente del patrón de ministerio establecido en el Nuevo Testamento. Quizás es tiempo de considerar y reformar. Los pasajes citados arriba nos muestran claramente que el propósito principal de las reuniones no es la adoración (lo cual debe ocurrir 24/7, ver Romanos 12, 1–2) sino la edificación mutua. Todos los cristianos están llamados al ministerio cristiano a tiempo completo, no sólo algunos. Los primeros cristianos no conocían la distinción entre laicos y el clero. Cada miembro de la iglesia tiene un rol que cumplir en el servicio del Señor. Como dijera Emil Brunner en su conocido libro *The Misunderstanding of the Church* (p. 50):

> Una cosa es sumamente importante; que todos ministren, y que no se perciba ni una sombra de separación, ni siquiera una distinción, entre aquellos que ministran y los que no, entre los miembros del cuerpo activos y los pasivos, entre aquellos que dan y aquellos que reciben. Existe en la *Ecclesia* un derecho y un deber universal de servir, una disposición universal para servir, y al mismo tiempo la mayor diferenciación posible de funciones.

Al reunirnos en nuestra familia de la iglesia, entonces, que nuestro propósito sea la edificación. Cada cristiano, sin excepción, tiene un ministerio. Eso te incluye a ti. Tu podrías preguntarte, "Puedo acaso yo enseñar?" La respuesta, como vimos en el capítulo 3, es un rotundo "¡Si!" Claro, la enseñanza es una función especial de los obispos (quienes deben ser "aptos para enseñar", 1 Timoteo 3, 2), pero no es exclusivamente de ellos (Colosenses 3, 16). Pablo permitía que cualquier miembro participara del ministerio de la palabra si él o ella estaba siendo guiado a contribuir (1 Corintios 14, 26–29). "¿Puedo yo bautizar o servir la Cena del Señor?" Otra vez, el Nuevo Testamento nunca nos dice quién debe bautizar o quién debe servir el pan y la copa. Ambas eran celebraciones laicas. El concepto de un grupo especial de sacerdotes quienes eran los únicos que podía administrar los "sacramentos" (un término que el Nuevo Testamento nunca utiliza) no aprobaría la prueba del escrutinio bíblico y no debería convertirse en un obstáculo para la participación congregacional. Si hemos de experimentar un regreso a una vida eclesial saludable, debe ocurrir una revolución en las iglesias en la manera de pensar acerca del ministerio. En una congregación que es pequeña, es posible incorporar un tiempo dentro de la reunión principal en el que puedan compartir. En una congregación más grande, los grupos pequeños representan un maravillosa oportunidad para compartir intereses y noticias y poder ministrarse uno al otro de manera apropiada por medio de la palabra y la oración. Es posible edificar relaciones genuinas ya sea que se reúnan en el santuario o en el hogar. Y debemos promover cualquier cosa que nos permita desarrollarnos en ministrarnos unos a otros.

En segundo lugar, aquí encontramos una iglesia que cuidaba el uno del otro. Era una comunidad en la que el afecto de la comunión personal se podía percibir fácilmente. Su amor el uno por el otro era extraordinario. Ellos compartían sus posesiones, sus comidas, sus vidas. Parecía que ellos de manera consistente obraban con un corazón genuino de amor—el tipo de amor que sólo el Espíritu Santo puede hacer salga del corazón (Romanos 5, 8). Constantemente oraban los unos por los otros (Abundaremos sobre este aspecto en el capítulo 6). Su amor el uno por el otro era tan vibrante que era contagioso. Sus reuniones, como hemos visto, involucraban la contribución de muchos. La bondad era lo común. En nuestro pasaje encontramos que: "vendiendo sus posesiones y bienes, ellos distribuían de acuerdo a lo que cada persona necesitara" (Hechos 2, 45). A diferencia de muchas iglesias modernas, sus dádivas era costosas y generosas. Estos primeros cristianos no separaban lo espiritual de lo temporal. Ellos razonaban de la siguiente manera: Si la iglesia no cuida de la madre soltera, ¿quién lo hará? Si la iglesia no defiende a los indefensos en la sociedad, ¿quién escuchará sus clamores? Como sea que tú lo mires, los primeros cristianos se preocupaban.

Necesitamos revivir esa actitud hoy. ¿Somos hospitalarios, dispuestos a abrir nuestros hogares a extraños? La iglesia primitiva lo era. ¿Proveemos gozosamente para las necesidades de otros cristianos? La iglesia primitiva lo hacía. ¿Ministramos a las viudas y los huérfanos en sus necesidades? Esta era la manera en que la iglesia primitiva hacía las cosas. Somos llamados a ser siervos, y Jesús está buscando discípulos que le sirvan a él de manera *sacrificial*. Dios no está interesado en la verdad sin amor, ni tampoco en el amor sin verdad. ¡Ambos son necesarios! Así que sirvámonos unos a otros.

Puedes servir todos los días de la semana, no sólo los domingos o durante la Escuela Bíblica de Verano. Puedes servir a tu compañero de trabajo, tu vecino, tus familiares, a un extraño con el que te topes en la calle. ¡Tú puedes hacerlo!

En tercer lugar, *esta era una iglesia que valoraba la unidad.* Vimos en el último capítulo como esta unidad se podía apreciar en el liderazgo de la iglesia en los tiempos del Nuevo Testamento. No existía jerarquía, no había un pastor titular (aparte de Cristo), ni alguien que fuera el primero entre iguales. El liderazgo era compartido. Esto es muy raro en la iglesia moderan, aún aquellas que practican la pluralidad de ancianos. Yo estoy muy seguro de que ninguna persona en la iglesia pondría objeción a que su "pastor titular" renunciara a su título y formara parta de un grupo de ancianos.

La unidad se podía percibir también en la toma de decisiones. Una característica de la iglesia primitiva que me fascina es la forma en que se lograba el consenso. Ellos pasaban tiempo esperando en el Señor antes de tomar una decisión. Hoy necesitamos las Reglas de Procedimiento de Robert para poder llegar a una decisión. Pocas personas se ponen a pensar de donde salió la idea de la votación. Un aspecto del valor de tener un ministerio de todos los miembros es el peso que se le atribuye a poder llegar a un consenso. Me parece a mí que existen buenas razones para rechazar el método humano de toma de decisiones. No es sólo el hecho de que no tiene fundamento bíblico, sino que además socava el ejemplo de la iglesia primitiva. En Hechos 15 leemos de una ocasión cuando los cristianos tomaron una decisión importante. Juntos, los creyentes buscaron la voluntad de Dios, y juntos la encontraron. No hubo nada mecánico o profesional en la manera que llegaron a la decisión. Su protocolo era mínimo, y la unidad que produjo fue sorprendente. Como dice Jacobo (Hechos 15, 28), "Le ha parecido bien al Espíritu Santo y a nosotros . . ." Nosotros votamos, y permitimos que una minoría quede agraviada. La iglesia primitiva esperaba por el Espíritu, y esto resultaba en un cuerpo unido. Por supuesto, la situación de Hechos 15 no tiene que ser necesariamente normativa. Pero nos presenta consideraciones para nosotros los cristianos del siglo veintiuno. Esta forma de tomar decisiones podría hacer una gran diferencia en la vida de muchas iglesias hoy día. ¿Por qué muchas de nuestras reuniones de negocios terminan en un desastre? ¿Tenemos miedo del trabajo y la oración que se necesita para llegar a un mismo sentir? Tal temor no existía en medio de los primeros cristianos. Tenemos mucho que recorrer para alcanzar esa sensibilidad al Espíritu. Él es lo suficientemente capaz de guiar una congregación a una decisión unánime si cada uno realmente busca su dirección.

Por último, su unidad se podía apreciar en su compromiso a la Gran Comisión. Era la pasión que los dominaba. Todos compartían la misma prioridad en su vida. Jesús les había dado instrucción acerca de la importancia de ser sus testigos, de ir y proclamar las Buenas Nuevas a toda criatura (Marcos 16, 15). Y eso es exactamente lo que ellos hicieron. Para los cristianos de los días del Nuevo Testamento, el evangelismo era una prioridad. Era algo que les comprometía enérgicamente, a cualquier costo. Y noten: su disposición de obedecer a su Maestro fue un resultado directo del ministerio del Espíritu Santo en medio de ellos. El Espíritu fue dado a la iglesia específicamente para equipar a los creyentes a ser testigos de Cristo en un círculo cuya circunferencia se ensanchaba cada véz más (Hechos 1, 8). Ellos no simplemente hablaban al respecto. Ellos fueron. La iglesia de Antioquía era ejemplar en este aspecto. De manera gozosa los creyentes enviaron dos de sus más dotados maestros por amor a aquellos que estaban perdidos en otras tierras. Su sacrificio vio abundantes frutos. El evangelio fue predicado, hombres y mujeres vinieron a Cristo, y nuevas iglesias fueron plantadas.

En este capítulo hemos visto algunas marcas de una comunidad genuina que caracterizaron la iglesia primitiva. ¡Qué maravilloso retrato de una vida juntos! Quizás la experiencia de ellos fue un ideal que no puede ser repetido hoy. Podemos *hablar* acerca de comunidad, pero si seguimos comportándonos como un grupo de gente individualista, nadie creerá lo que estamos diciendo. El retrato que Lucas nos presenta de la iglesia primitiva debería llevarnos a hacer una pausa y pensar.

Joseph Hellerman, autor de *When the Church Was a Family*, hace algunos comentarios interesantes acerca de la vitalidad de la iglesia (p. 143). "Ya es tiempo", escribe él, "de informarle a la gente de que convertirse al cristianismo involucra tanto nuestra justificación como nuestra familización, que obtenemos un Padre cuando respondemos al evangelio. Es tiempo de comunicar la realidad bíblica de que la salvación personal conlleva un evento de edificación comunitaria, y confiar que Dios cambie nuestras vidas y así mismo las vidas de nuestras iglesias". Nuestras iglesias modernas podrían aprender una o dos cosas de las relaciones genuinas de los primeros cristianos. El ejemplo de ellos es sobresaliente. Y si preguntamos por el secreto de ellos no tenemos que buscar muy lejos: el secreto radica en la presencia del Espíritu Santo. Su poder está disponible para todos nosotros. Y es un cambio de por vida. Sólo imagínese lo que el Espíritu pudiera hacer en nuestras iglesias si le permitieran tener el control. Podría ocurrir de nuevo.

REUNIONES CENTRADAS EN CRISTO

"Ellos se dedicaron . . . al partimiento del pan".

Aquí vemos la quinta marca de una iglesia del Nuevo Testamento: "el partimiento del pan". Al igual que la mayoría de los comentaristas, entiendo que esto se refiere a la cena del Señor. Sin lugar a dudas la observación de la comunión era un acontecimiento central en las reuniones de los cristianos primitivos. Era central porque era lo único que Jesús había mandado a sus seguidores que hicieran en memoria de él (1 Corintios 11, 24). A menudo, la atracción principal en nuestras reuniones hoy día es el púlpito o el altar. ¡En la iglesia primitiva era una mesa! Y fue en esta mesa que Jesús mismo se convirtió en el enfoque principal, tanto como anfitrión como el invitado de honor que está por llegar.

¿Qué tan a menudo se observaba la cena del Señor? Si comparamos Hechos 20, 7 ("En el primer día de la semana, cuando nos reuníamos a partir el pan . . .") con Apocalipsis 1, 10 ("En el día del Señor . . ."), parecería como que se observaba cada día del Señor, esto es, cada Domingo. ¿Por qué no podría ser una observación regular para los cristianos hoy día? Muchas veces nuestras reuniones hoy día están centradas en el hombre. ¡En Jerusalén no era así! Había un fuerte énfasis en la cena de comunión, en celebrar al Jesús exaltado, y la unión de todos los creyentes con él. Hoy no es extraño encontrar congregaciones que combinen un almuerzo completo y la celebración de la cena del Señor en un solo tiempo de comunión y gozosa celebración. Ésta práctica es digna de ser reconocida. Un servicio así cada semana podría ser muy conmovedor. Habría comunión entre los hermanos, alabanzas al Señor, una o dos enseñanzas de las Escrituras, mucha oración y quizás lloro. Y se tomaría su tiempo; ¡esto algo que no podría ocurrir en una sola hora! (Como toda familia sabe, la comunión alrededor de la mesa es impredecible). Pero si esta comunión tiene a Jesús como el centro, los resultados serían profundos.

En este capítulo quiero que pensemos juntos acerca de la importancia de la cena del Señor. Deseo presentar tres puntos principales:

1. La cena del Señor es importante porque nos lleva a la cruz.

2. La cena del Señor es importante porque simboliza y promueve la unidad en el cuerpo.

3. La Cena del Señor es importante porque nos lleva a anticipar con entusiasmo la venida de Cristo y, al mismo tiempo, aumenta nuestros esfuerzos evangelísticos.

La cena del Señor es importante porque nos lleva a la cruz. La cruz de Cristo es un símbolo de pérdida—una pérdida total, vergonzosa y despreciable. Sin embargo, la cruz de Cristo también representa un nuevo comienzo. Aquellos que le han aceptado no sólo reciben la promesa de vida eterna, sino que juntamente reciben la posibilidad de un andar diario con el Crucificado. Una vida nueva ha comenzado, y él está con nosotros a través de todas nuestras penas y sufrimientos en la vida. Y el ciclo se repite una y otra vez—ganancia por medio de la pérdida, fortaleza en medio de la debilidad, vida de la muerte. La mesa del Señor es un testimonio único de todo esto. Aquí podemos presenciar la gloria del amor sacrificial, la conciencia de su presencia, la gloria todo esplendorosa de su resurrección. Muchas veces nosotros pensamos que el cristianismo es una cama de plumas que nos va a proteger de los golpes duros en la vida. La verdad es que el evangelio involucra una cruz de sufrimiento. La cruz nos recuerda que Dios no es ajeno al dolor. La cruz nos recuerda que Dios nos ama a través del dolor. La cruz nos recuerda como Dios usa el dolor para lograr sus propósitos. Y la cruz nos recuerda que al final de cuentas Dios triunfa sobre el dolor por medio de la resurrección. Es aquí, en la cruz, que el problema del dolor se maneja de manera bíblica. A veces Dios usa el dolor para poner en nosotros cualidades como la perseverancia y el auto-sacrificio. En otros momentos, él usa el dolor para prepararnos de forma tal que podamos consolar a otros con el consuelo que Dios nos ha confortado. En la cruz, Jesús vació la copa de sufrimiento y salió victorioso. ¡Nosotros también podemos!

La mesa del Señor es un recordatorio de que nuestro Creador es también nuestro Redentor. Cristo ha aplacado la ira de Dios sobre nosotros lavándonos de nuestros pecados. Nuestro salvador recibió la paga de nuestro pecado en nuestro lugar. Algunas reuniones de cristianos corren el riesgo de ser culpables de nunca profundizan a este nivel. El enfoque no está en Cristo sino en la reforma social. Usted preguntaría, "¿Acaso el evangelio no ofrece soluciones a los problemas de la sociedad? Por supuesto que sí. Pero el evangelio soluciona un problema más profundo—el hecho de que tú y yo estamos separados del Creador. Debemos ser diligentes en dar a conocer claramente la obra reconciliadora del evangelio, debemos enfocar a la solución del problema que existe entre el hombre y Dios. De lo contrario tergiversamos el evangelio. El evangelio, entonces, es principalmente y fundamentalmente el medio para tener una nueva relación con Dios—y la Cena del Señor es un recordatorio especial de esta prioridad.

La Cena del Señor es importante porque simboliza y promueve la unidad en el cuerpo. Vimos en el último capítulo qué tan importante era la unidad para los primeros creyentes. Ellos estaban unidos en su liderazgo, al tomar decisiones, y en su pasión por el evangelismo. Por tanto, no debe sorprendernos encontrar el mismo énfasis en la manera que observaban la Cena del Señor. Un pasaje clave es 1 Corintios 10, 16–17:

> *La copa de bendición que bendecimos, ¿no es la comunión de la sangre de Cristo? El pan que partimos, ¿no es la comunión del cuerpo de Cristo? Porque hay un pan, nosotros que somos muchos somos un cuerpo, porque todos compartimos del mismo pan.*

Note lo que Pablo no dice aquí. Él no dice que nosotros participamos de un pan porque somos un cuerpo. ¡Por el contrario! Es porque nosotros participamos de un pan que somos un cuerpo. Esta es una verdad asombrosa. Cuando una persona come el pan está creando unidad con el resto de los participantes. Esto explica

porque Pablo insiste tanto en que haya un solo pan. Es también la
razón por la que ordena a los creyentes en Corinto a que esperaran
a que estuvieran todos presentes antes de participar de la cena del
Señor. Cuando una asamblea local de cristianos se reúne a participar del pan y de la copa, los miembros se hacen un solo cuerpo
por virtud de la participación en común de la cena del Señor. El
contexto sugiere que Pablo estaba pensando en la falta de unidad y
las distintas facciones de los Corintios. ¡Qué fácil es para los ricos
comer antes de que lleguen los pobres! En maneras como esta, dice
Pablo, contristamos al Espíritu Santo y nos robamos a nosotros
mismos de su obra de gracia y poder en medio nuestro.

Yo percibo cierta reticencia en la iglesia hoy día en aceptar
esta instrucción de Pablo. Su lenguaje parece requerir que sea un
solo pan y, por extensión, una sola copa. Otras formas de celebrar
la comunión (pedazos de galletas y vasos pequeños), puede que
sean más prácticas, pero no logran comunicar el significado y la
importancia de la unidad que Pablo le atribuye la Cena. La obra
del Espíritu Santo es unir al cuerpo de Cristo, no dividirlo. En
todo momento y en todo lugar somos responsables de "preservar
la unidad del Espíritu en el vínculo de la paz" (Efesios 4, 3). Y eso
significa estar dispuesto a considerar la enseñanza del Espíritu por
medio del apóstol aquí en 1 Corintios 10, 16–17. La idea de un
solo pan pudiera parecer una doctrina muy desactualizada para hoy,
no obstante, es la enseñanza del Nuevo Testamento.

*La Cena del Señor es importante porque nos lleva a anticipar con
entusiasmo la venida de Cristo y, al mismo tiempo, aumenta nuestros
esfuerzos evangelísticos.* Como cristianos, debemos refutar la suposi-
ción que tiene la mayoría de nuestros contemporáneos en el Oeste
de que esta vida es todo lo que hay. Nuestra existencia terrenal es
apenas un anticipo de la eternidad. Por tanto, no debemos atarnos
a un enfoque del aquí y ahora. La eternidad se aproxima; ¡Jesús
vuelve otra vez! ¿No es este el enfoque de la Cena del Señor? Y es
aquí, en la mesa del Señor, que se nos recuerda una y otra vez que
Jesús vuelve. "Cada vez que coman de este pan y beban de esta copa
proclaman la muerte del Señor hasta que él vuelva (1 Corintios 11,
26). ¡Y qué venida será! La primera venida de Cristo fue marcada

con gran humillación. Su segunda venida será en gran majestad. Él vendrá, no como Salvador, sino como Juez, y él traerá consigo el reino que fue inaugurado cuando vino por primera vez al mundo. El cristiano no debe olvidar este aspecto esperanzador del cristianismo. Los primeros creyentes sabían que "El Señor está por venir" (Filipenses 4, 5). Así que, da gracias porque él está vivo, porque te conoce y te ama, porque él está obrando en tu vida, y porque vendrá para arreglar todas las cosas. Eso es algo por lo cual estar agradecido.

Por supuesto, un enfoque en el futuro no es excusa para ser pasivos en el presente. Es trágico cuando los cristianos no logran ver que la doctrina de la segunda venida de Cristo es más que un tema de discusión y debate teológico. ¿Acaso no debería motivarnos a una mayor obediencia? ¿No debería provocar en nosotros un mayor sentido de urgencia en compartir el evangelio con aquellos que nos rodean? El regreso del Rey, ¿no debería llevarnos a involucrarnos más en actos de sacrificio como el calvario a favor del mundo? No existe una prioridad mayor para la iglesia que la de hacer caso al mandato de hacer discípulos de todas las naciones. "¡Él está cerca!" Ahora es el tiempo para examinar nuestras consciencias, reevaluar nuestras prioridades, reapropiarnos del perdón que Cristo ganó por nosotros en la cruz, y dedicar nueva vez nuestras vidas a llevar las Buenas Nuevas hasta lo último de la tierra.

Por tanto, no debemos permitir que la Cena del Señor tome un enfoque interno en detrimento de sí misma. Debemos proclamar la muerte del Señor hasta que él venga. No es suficiente hacer un memorial de la muerte de Cristo. Debemos evidenciar en nuestro diario vivir el resultado de la Cena del Señor. De lo contrario encontraremos insipidez y apatía en nuestras reuniones. La anticipación genuina por la venida de Cristo va de la mano con las obras genuinas que él nos llama a hacer por el mundo. Ambas cosas deben permanecer juntas si han de ser saludables. Mientras oramos "Ven, Señor Jesús" (Apocalipsis 22, 20), también oramos "Venga tu reino, hágase tu voluntad en la tierra, así como en el cielo" (Mateo 6, 10). Ora por el crecimiento del Reino de Dios en los corazones de aquellos que están en tu alrededor (y más allá) que no se han rendido a él. Procura hacer todo lo que puedas para extender su gobierno en la sociedad. Practica caminar en comunión diaria con tu Señor resucitado y que pronto volverá. Cristo es tu Amigo, y puedes ir a él en cualquier momento del día. En pocas palabras, vive como si él fuera a regresar hoy—no sentándote de brazos cruzados mirando al cielo, pero como Jesús antes que tú, haciendo todo lo que puedas para "buscar y salvar lo que se había perdido" (Lucas 19, 10). No existe gozo como este.

6 ORACIÓN FERVIENTE

"Ellos se dedicaron . . . a las oraciones".

¿Crees en la oración? La iglesia primitiva ciertamente creyó en ella. Hay pocas cosas que se enfatizan tanto en el libro de Hechos como la realidad de la obra de Dios al responder las oraciones de su pueblo. Nuestro texto lo presenta de la siguiente manera: "Ellos se dedicaron . . . a las oraciones". ¿Qué implicaciones tiene la palabra "oraciones" en plural? Por lo menos, sugiere que estos creyentes oraban a menudo y que también tenían tiempos de oración congregacional. ¿Es esto una característica de tu iglesia? ¿De mi iglesia?

Recientemente tuve una larga conversación con un etíope acerca de la oración. Él estaba realmente sorprendido con la poca oración que veía en las iglesias americanas. La iglesia organiza cientos de actividades, pero pocas reuniones de oración. Aún nuestros "cultos de oración" son más bien estudios bíblicos con unos pocos minutos de peticiones enfocadas en que el Señor nos bendiga. ¿Cómo esperamos alcanzar a todo un mundo perdido cuando pasamos tan poco tiempo en oración?

En el libro de Hechos, encontramos que la oración era una prioridad para los cristianos. Antes de Pentecostés, encontramos que los apóstoles se habían dedicado a la oración, junto con María la madre de Jesús y sus hermanos (1, 14). La iglesia oró para escoger a los siete siervos que asistirían a las viudas que habían sido desatendidas (6, 6). Cuando el Espíritu Santo escogió a Bernabé y Saulo para evangelizar a los perdidos, fue una iglesia en oración que los envió (13, 3). Pablo oraba cuando establecía líderes en cada congregación (14, 23). Cuando enfrentaba persecución, la iglesia oraba (4, 23–31). Pedro y Juan oraron por los Samaritanos (8, 15), mientras que Pablo y Silas oraron en la prisión (16, 25). Pablo oró con los ancianos de Éfeso (20, 36), con los creyentes cerca de Tiro

(21, 5), en el templo de Jerusalén (22, 17), en la presencia de 276 personas a bordo de un barco (27, 35), y por el padre de Publio de Malta (28, 8). Entonces, si nos preguntamos sobre la importancia de la oración en la vida de los primeros creyentes la respuesta es evidente. La iglesia nació y creció en una atmósfera de oración.

Durante mis diecisiete visitas a Etiopía en los últimos diez años, he visto un nivel de compromiso similar. Es muy común participar en reuniones de oración que duran todo el día. Los líderes de la iglesia pasan tiempo en oración cada día. Con pocas excepciones, cada iglesia local tiene grupos de oración que se reúnen por lo menos una vez por semana con el propósito de orar de manera intensiva. Estos creyentes no siempre oraban así. La vida de oración de estos creyentes fue moldeada por años de persecución y sufrimiento. Quizás sea necesario que pasemos por pruebas semejantes para que el patrón de oración del Nuevo Testamento se convierta en una realidad entre nosotros. Para los cristianos etíopes no representa un gran esfuerzo separar días enteros para ayunar y orar. ¿Por qué no estamos haciendo lo mismo? Es raro encontrar iglesias que tengan cultos dedicados a la oración, y mucho menos días enteros para orar. Parecería como que no podemos esperar a Dios. Nuestra confianza ha pasado de estar en Dios a descansar en los modelos modernos de administración de negocios. Dios está dispuesto a darnos buenas cosas, cosas que necesitamos desesperadamente, pero él espera que nosotros le pidamos esas cosas, y que le pidamos con expectativa. Todos los cristianos están llamados a vivir una vida de oración. La iglesia del Nuevo Testamento nació en una reunión de oración (Hechos 1, 14), y los escritos de Pablo están llenos con tantas exhortaciones a orar que parecería como si él pasara todo el tiempo de su ministerio disfrutando de una intimidad especial con Dios.

Pero, ¿qué es orar? Y, ¿cómo podemos hacerlo?

Existen diversas maneras de definir lo que es la oración, pero quizás la esencia fundamental es comunicarse con Dios. La oración es tanto una actitud como también una actividad; es tanto comunión como comunicación. Una de las maneras más significativas en las que podemos definir la oración bíblica es por medio de un estudio cuidadoso de las palabras griegas que se usan para describirla en el Nuevo Testamento. De estas palabras *proseuche* es la más importante. Junto con su forma verbal *proseucomai*, se utiliza más de 100 veces en el Nuevo Testamento, 25 veces sólo en el libro de Hechos. *Proseuche* involucra hablar con Dios, pero va más allá de eso. Es tanto una actitud piadosa con referencia a Dios como también una acción. Podríamos llamarlo una *actitud de oración*. Es por esto que Pablo puede decir a los cristianos "orad sin cesar" (1 Tesalonicenses 5, 17). Aquí, la idea no es tanto de una conversación continua con el todopoderoso. En este momento, estoy escribiendo este libro, no orando. ¿Estoy, por lo tanto, desobedeciendo este mandamiento? Usted ve, el tipo de oración al que Pablo se está refiriendo no es tanto el de emitir palabras a Dios, sino el de disfrutar de una comunión con él. Podríamos decir que la oración, al final de cuentas, es tener comunión con el Señor. Pienso en el énfasis del movimiento Keswick en "practicar la presencia" de Cristo. La oración inicia con una conciencia clara de la presencia del Salvador. Es muy poco lo que podríamos lograr en nuestra vida de oración sin esta relación personal. La oración es simplemente amigos pasando tiempo juntos. A veces se usan las palabras, y a veces no. ¿Conoces a una persona que disfrute profundamente la relación que tiene con Aquel que ama su alma? Ahí encontrarás una persona de oración.

Pero hay mucho más que podemos y debemos decir acerca de la naturaleza de la oración. Hay otras tres palabras griegas que requieren nuestra atención. Primero tenemos *deesis*. Una *deesis* es una petición. Luego tenemos *aitema*. Una *aitema* es la palabra básica del Nuevo Testamento para "pedido". Por último, tenemos la palabra *eucaristía*. Esta palabra se refiere a una acción de gracias. Estas palabras se refieren no a distintos tipos de oración, sino a diferentes aspectos de la oración. Si juntamos las tres palabras, podemos decir que la oración es comunión con Dios nuestro Padre, a quien venimos con nuestras peticiones y pedidos, y a quien alabamos y agradecemos por su bondad y fidelidad para con nosotros. Si una iglesia ha de ser saludable, debe practicar esta clase de oración. Pero, ¿cómo es posible la oración?

La respuesta es: No es posible. Una de las áreas en las que se más se manifiesta la debilidad del cristiano es en su vida de oración. Romanos 8, 26–27 nos instruye al respecto. Aquí Pablo concibe la oración como el ministerio del Espíritu Santo en nosotros. Se asume la completa inhabilidad del cristiano de orar sin la asistencia divina. En un sentido, Pablo está diciendo que la oración es un proceso inter-Trinitario: Dios hablando a Dios por medio de nosotros. Esta es una verdad profunda y a la vez una paradoja impresionante. Yo no puedo orar a menos que el Espíritu Santo ore; ¡pero el Espíritu Santo no va a orar a menos que yo esté orando! Quizás esto es lo que Pablo quiso decir cuando en Efesios 6, 18 dice que los cristianos deben estar "orando en todo momento en el Espíritu". Algunos exégetas identifican esto como una referencia a orar "en lenguas". Pero existen muy pocas razones por las cuales sostener esta posición. Puede ser que Pablo esté incluyendo el orar en lenguas, pero el lenguaje de Pablo es lo suficientemente amplio como para incluir cualquier tipo de oración que podamos ofrecer. El punto principal de Pablo es que la oración debe dejar de ser una actividad que hacemos por nosotros mismos. Es el Espíritu, y sólo el Espíritu quien nos activa, fortalece y habilita para que oremos. Por tanto, hay una realidad que debemos reconocer. No piense por un momento que puedes orar sin la ayuda del Espíritu. Sé sensible a cómo él te va induciendo a orar. ¡Cuando él te guíe a orar, ora! No existe ningún medio alternativo para la oración. Es el Espíritu quien nos habilita a orar.

Cada uno de nosotros, en nuestro andar diario con Dios, es confrontado con pruebas y tribulaciones. Éstas prueban nuestra fe y deben movernos a pasar más tiempo en comunión con Dios en la oración. Si hacemos esto, el resultado será una mayor dependencia en Dios. ¿Cómo podemos sobreponernos a las fuerzas espirituales invisibles que nos asedian a menos que seamos gente de oración? El pueblo de Dios siempre avanza de rodillas. Cuéntale a Dios todo lo que está en tu corazón. Háblale a él como si estuvieras hablando con amigo muy cercano. Y asegúrate de ofrecer tus oraciones "en el nombre de Cristo", así como Jesús mismo nos instruyó que hiciéramos (Juan 14, 13–14; 16, 23–28). Orar en el nombre de Jesús no es recitar unas palabras mágicas que pueden ser utilizadas para obtener lo que queremos. Orar en el nombre de Jesús es efectivo sólo cuando estamos orando en una manera que es consistente tanto con nuestra relación con Cristo como con la voluntad de Dios. La oración involucra ajustar e incluso hasta abandonar nuestras expectativas y planes a favor de la voluntad del Padre.

En su libro *La Práctica de la Presencia de Dios*, el hermano Lorenzo escribe que algunos de sus momentos más cercanos con Dios ocurrieron no estando de rodillas, sino manteniéndose en comunión constante con él a lo largo del día. Intenta "practicar la presencia" por ti mismo en medio del bullicio y la confusión de tu día. Recuerda que puedes orar en la ducha, mientras te ejercitas, o aún mientras estás sentado aburrido en una clase. En cualquier momento que el Espíritu traiga las palabras de oración a la mente, inmediatamente responde, sea un clamor desesperado por auxilio o una acción de gracias. La oración no es más que anunciar nuestra dependencia del Dios vivo y verdadero. Y la respuesta a cada oración que ofrecemos es la misma: Él está con nosotros, fortaleciéndonos en nuestras debilidades con todo su poder.

7 UNA VIDA SACRIFICIAL

Todos los creyentes continuaron juntos en una comunión cercana y compartían todas las cosas que tenían uno con el otro. Ellos vendían sus propiedades y posesiones y distribuían el dinero entre todos, de acuerdo a lo que cada persona necesitara.

La última marca de una iglesia del Nuevo Testamento es una vida sacrificial. Si el gran plan de Dios al enviar a su Hijo es equipar a su iglesia para la misión, deberíamos preguntarnos como se debería ver esa misión. La actividad del Espíritu en la iglesia, en términos de evangelismo y comunión, debe estar balanceado por un impulso de sus miembros en alcanzar un mundo necesitado. Examine Hechos 2, 43–47 y se dará cuenta de que, por necesidad, la salvación lleva al servicio. No puede ocurrir de otra manera. El Espíritu que fue enviado en Pentecostés es el Siervo supremo del Señor. No puedes llegar a una posición más alta en la vida cristiana que cuando te inclinas a lavar los pies de otros. Hasta que no exista un espíritu genuino de entrega, hasta que no haya un compartir real de dinero y posesiones, será muy poco probable que un mundo perdido pueda apreciar la calidad de nuestra comunión. Existe una tendencia desastrosa en algunos cristianos de sobre enfatizar el "ganar almas" a expensas del aspecto social del evangelio, tanto así, que su mensaje llega a oídos sordos. A los cristianos primitivos nunca se les ocurrió la idea de separar lo espiritual de lo social. Su amor el uno por el otro era verdaderamente asombroso. Sin esta manifestación de amor no podría haber un evangelismo efectivo. Sin esta clase de amor, el mundo no sería impresionado por el evangelio. No, en vez de resguardarse en sus monasterios cerrados, en vez de separar lo espiritual de lo social, los primeros cristianos se aseguraban de que estas manifestaciones del amor de Dios a un mundo caído fueran una prioridad. En otras palabras, ellos eran culpables de un amor escandaloso.

Al pensar como aquellas personas que vinieron a la fe en Cristo por medio de la predicación de Pedro proclamaban el evangelio viviéndolo, creo que el ingrediente más importante para su éxito fue su amor por Cristo. Los seguidores de Jesús gradualmente empezaban a parecerse a él. El resultado fue una iglesia que realmente se preocupaba por los pobres y los necesitados. Los inconversos estaban intrigados por este cambio y querían saber la causa.

Así que, el mundo está buscando relaciones genuinas, y hasta no ver el amor en acción no estará interesado en lo que los cristianos tienen que decir. Yo recuerdo hablar acerca de este tema en mi primer viaje a Etiopia en el 2004. Mi esposa y yo habíamos encontrado a un niño ciego que estaba vendiendo chucherías en una aldea remota. No pensamos mucho acerca de esto hasta que regresamos a los Estados Unidos. Un día mi esposa me preguntó, "Cariño, ¿recuerdas al niño ciego en Etiopía? ¿Crees que habría algo que pudiéramos hacer por él?" Oramos al respecto, y el Señor nos dirigió a proveer para un trasplante de córnea para ese pequeño niño. Durante su recuperación en la ciudad capital de Addis Ababa, hicimos los arreglos para que el niño se pudiera hospedar en un colegio Menonita donde había enseñado griego. Allí, él vino a la fe en Cristo. Él le preguntó a un estudiante, "¿por qué todos me aman tanto? ¿Por qué el Dr. y la Sra. Black me aman tanto?" Ese estudiante compartió con el niño el amor de Cristo, y ese día ese niño se convirtió en mi hermano en Cristo. Desde ese entonces, he tenido el privilegio de compartir el evangelio con muchos musulmanes en Etiopía, y no pocos han creído en Cristo. Ellos preguntan, "¿por qué saldría de América para venir a mi aldea y pasar tiempo conmigo en mi choza y comer mi comida?" Y les contaba acerca de Aquel que dejó su gloria en el cielo para venir a esta tierra a morir por los pecados del mundo en una cruz Romana sangrienta y mal oliente.

El evangelio y la preocupación social van de la mano. Ambos son esenciales para la Gran Comisión. La conversión individual siempre debería resultar en responsabilidad social. Es realmente un escándalo cuando los cristianos separan su fe cristiana de su involucramiento en la sociedad. En pocas palabras, Dios está en el negocio de salvar individuos que a su vez asumirán la responsabilidad por el evangelismo y la acción social. Esto es exactamente lo que la iglesia hizo en Hechos 2. Aquí no vemos una falsa compartimentación de la fe. El evangelismo llevó de manera inmediata a la acción social. Por supuesto, en el proceso, el evangelismo tomó el asiento delantero. El evangelismo era el inicio de una conciencia social. Toda acción social genuina es el resultado de la salvación personal.

Los cristianos hoy día necesitan recuperar este enfoque basado en el evangelio. Sólo un compromiso genuino con la Gran Comisión puede resistir los ataques de una "fe fácil"—es decir, un evangelio aguado—por un lado y esfuerzos humanitarios mal dirigidos por otro lado. El "mandato de evangelismo" debe llevarnos al "mandato cultural". No podemos insistir en la prioridad de la conversión personal sin reconocer que la conversión genuina implica una responsabilidad social fundamental. A menudo los cristianos se concentran en proclamar el evangelio sin el compromiso de vivir el evangelio. Como reacción a esto, otros enfatizan la acción social al punto de que el mensaje de salvación se pierde en medio del bullicio al construir hospitales, colegios y pozos de agua. ¿Y qué de los primeros cristianos? La idea de separar la conversión espiritual de actos de amor prácticos nunca se les ocurrió a ellos. Ellos hacían ambas cosas, proclamaban y vivían el evangelio. Estos primeros cristianos tenían una preocupación genuina por aquellos que estaban alrededor de ellos. Su preocupación era tan intensa que se hicieron famosos por su asistencia amable, práctica, y abnegada en los momentos de necesidad. La iglesia de Hechos estaba pendiente hacia las necesidades de los demás. Para ellos, el término "comunión" significaba más que compartir una cena juntos. Aquí encontramos una iglesia que daba de manera generosa para apoyar a los suyos, sobreponiéndose aún a barreras de nacionalidad y raza (ver Hechos 6). ¡Qué ejemplo más espléndido para la iglesia de hoy!

Mi experiencia como misionero global confirma la tesis de que una vez has sido atrapado por el amor de Cristo, ya nunca estarás contento viviendo "la buena vida cristiana". He llevado numerosos equipos misioneros conmigo a Etiopía—gente dispuesta a viajar rebasando las barreras culturales para animar a sus hermanos y hermanas. De esta manera podemos ver un poco la catolicidad del cuerpo de Cristo. Todos somos parte de una iglesia de Dios. Nos apoyamos unos a otros. Oramos los unos por los otros. Cuando es necesario, nos apoyamos unos a otros económicamente. ¿Y el resultado? Tanto en casa como en el extranjero las iglesias son enriquecidas y edificadas.

Hay algunos miembros de la iglesia que tienen la capacidad de enseñar habilidades prácticas en el extranjero. Recuerdo en una ocasión haber llevado conmigo a un granjero al sur de Etiopía a enseñar a los campesinos acerca del cuidado del ganado. Él impartió algunos talleres sobre agricultura y distribuyó semillas altas en proteínas a todos los agricultores que conoció. Además, él compartió con ellos el amor de Cristo y vivió delante de ellos el amor de Cristo. Yo conozco muchos otros—doctores, enfermeras, maestros—que han tenido ministerios similares en otros equipos misioneros que he llevado a África. Como los primeros cristianos, ellos se dieron cuenta de que el evangelio debe ser predicado a los perdidos, y como los primeros cristianos, ellos rehusaron hacer una separación entre el evangelio personal y el evangelio social. ¡Oh cuánto necesitamos de ese balance hoy día!

Siempre me ha sorprendido el hecho de que la misma palabra griega (*koinonia*) puede traducirse "comunión" y "contribución financiera". Los cristianos primitivos eran cristianos *dadivosos*. Ellos eran una familia, y por tanto se cuidaban unos a otros. Su amor impresionaba tanto al mundo que la gente exclamaba, "¡Miren cómo se aman estos cristianos unos a otros!" Ahora, puedes ver por qué Jesús dijo, "Es difícil para una persona rica entrar en el reino de los cielos" (Mateo 19, 23). Aquel que dijo a otros que se entregaran a sí mismos por los pobres hizo lo mismo que él requería de los demás. Como lo expresara Pablo, "Porque conocéis la gracia de nuestro Señor Jesucristo. Quien, siendo rico, por ustedes se hizo pobre, para que ustedes por medio de su pobreza pudieran ser hechos ricos" (2 Corintios 8, 9). Y nosotros debemos seguir sus pasos. El cristianismo quebrantó la espalda de la codicia. "El poder del espíritu de Cristo que infunde vida me ha librado del poder del pecado y de la muerte (Romanos 8, 2).

Básicamente, en eso consiste la ética cristiana. Los cristianos no son esclavos de un sistema de reglas inventadas por el hombre. Cristo nos ha hecho libres. El enfoque en la conducta ya no debe estar en lo externo. Es interno, en la medida que el Espíritu Santo nos capacita para vivir como Cristo vivió—de manera sacrificial y hasta escandalosa. Gracias a Dios que muchos hoy día están dispuestos a dejar que Dios toque sus carteras. Pienso en una abuela que dio 100 dólares para Etiopía en vez de gastarlos en regalos de navidad que sus nietos ni si quiera necesitaban. Pienso en una mujer americana que pasó tres meses en Etiopía cuidando a una mujer embarazada a un alto costo personal. ¿Cómo puede ocurrir esto? cristianos que han experimentado el amor dando amor a otros. En vez de amontonar su riqueza, ellos han aprendido el hábito de usar sus recursos para beneficio de otros de manera deliberada y gozosa.

Entonces, vivir de manera sacrificial es sumamente importante para el cristiano. Esto no significa que los cristianos nunca gastarían nada en sí mismos. Debe haber un balance en nuestro uso del dinero. Pablo es bien claro cuando nos dice que debemos hacer provisión para las necesidades de nuestra familia (1 Timoteo 5, 8). ¿Pero acaso esto no incluye nuestra familia de la fe? ¿No involucra esto el dar a las misiones? ¿No deberíamos considerar dejar al menos una parte de nuestra herencia para la obra cristiana? Existen muchas necesidades en nuestro alrededor. El Señor te mostrará donde podrías ser de mayor utilidad, si estás dispuesto a que él te guíe.

Como vimos en el capítulo 4, la iglesia no es meramente una organización humanitaria. Es una comunidad que trasciende todas las barreras. Me encanta lo que Lucas escribe en nuestro pasaje, "todos los creyentes continuaron juntos en una comunión cercana y compartían todas las cosas que tenían uno con el otro". Es difícil sobrestimar el poder del amor. Esta es la estrategia de Dios para el cambio social. Él crea una comunión de hombres y mujeres que han sido librados del encantamiento del materialismo. ¿Podríamos humillarnos nosotros mismos y aprender de estos cristianos del primer siglo? Es cierto, nuestro entorno es distinto al de ellos. Pero podemos aprender muchos principios invaluables para implementar aquí en Occidente. En gran parte del cristianismo occidental hemos perdido el gozo de dar sacrificialmente. "Diezmamos para nosotros mismos", así lo expresó un pastor. Hemos perdido el sentido de una comunidad global. ¿Sería, acaso, mucho pedir experimentar una manifestación similar de generosidad en nuestras iglesias en este país?

Yo no cuestiono el hecho de que la salvación es personal e individual, pero es mucho más que eso. Sin embargo, para muchos evangélicos el énfasis en lo personal e individual ha hecho que la salvación sea cada vez más individualista. A menudo, el sentido es que la experiencia cristiana se limite a la relación personal que uno tiene con Dios—excluyendo así la relación de uno con otras personas o con la cultura en general. Yo prefiero un enfoque más balanceado. Ya que el pecado es personal, cada individuo es culpable de pecado y debe ser perdonado por sus pecados, no por los de otro. Sin embargo, la salvación es también social. Jesús es el Señor de todo. La política, educación, economía, las artes—todas estas cosas están incluidas bajo su Señorío divino. Por tanto, los cristianos deben entender que a pesar de que la salvación es individual y personal, el reino de Dios es mucho más amplio que sólo nuestras experiencias personales de salvación.

Por ejemplo, puedo decir (y lo digo con tristeza) que he guiado a personas a Cristo sin darle algún tipo de seguimiento. Esto es, no he sido exitoso en enfatizar el Señorío que Cristo demanda en una manera que les animaría a involucrarse en un cuerpo local de creyentes donde pudieran ser enseñados a observar lo que Jesús demanda de ellos, incluyendo su mandato a amar (Juan 13, 35). En el prefacio a su *Hymn Book* del 1739, John Wesley escribió, "El evangelio de Cristo no conoce una religión que no sea social, no conoce una santidad que no sea santidad social". Por lo tanto, debemos hacernos la pregunta: para aquel que tiene una relación personal con Jesucristo, ¿será posible realmente servir a Jesucristo sin mostrar amor y preocupación genuinos hacia otros?

Como jugador-entrenador, el anciano debe animar a su rebaño a ser todo lo que Dios los está llamando a ser en este mundo—gente verdadera, bondadosa, amorosa, intentando cambiar las condiciones que no están en armonía con la voluntad de Dios, y buscando satisfacer las necesidades de los demás—físicas, emocionales, espirituales, económicas, educativas. Necesitamos "tocar la música" antes de que los inconversos "escuchen las palabras". Debemos hacer todo lo posible, por medio del amor y las buenas obras, en mostrarles el amor y la bondad de Dios y ayudarles a ver que las relaciones humanas apropiadas son posibles sólo por medio de una relación apropiada con Cristo. De hecho, es el amor de Cristo que nos libera de nuestros pecados para amar verdaderamente a otros (Juan 8, 36–38; Gálatas 5, 13).

Este no es un nuevo programa que debemos promover. Esto es simplemente vivir nuestro cristianismo—limpiar canaletas, barrer las hojas, cortar las ramas caídas después de una tormenta, tener una política de "puerta abierta" en nuestros hogares y oficinas, defender la fe con gentileza y firmeza a la vez en nuestros hogares y en los espacios públicos, amar a nuestros vecinos lo suficiente como para confrontarlos con su estado de perdición. Deberíamos hacer todos los esfuerzos para que con gozo podamos hacer ambos énfasis—amar a Dios con todo nuestro corazón, y amar a nuestros vecinos como a nosotros mismos.

En una ocasión, Pablo se refirió a la comunión cristiana y el amor que se manifiestan el uno al otro como "el vínculo perfecto" (Colosenses 3, 14), porque solo el amor tiene el poder adhesivo para mantener al cuerpo junto. La ortodoxia verdadera elimina el egoísmo; termina con nuestros deseos y ambiciones privadas. Hace que una persona esté menos dispuesta a discutir un punto de teología siempre y cuando haya almas perdidas que necesiten ser salvas y cristianos espiritualmente enfermos que necesiten ser sanados. A la luz de la cruz, descubrimos que la verdadera riqueza y satisfacción radica en compartir el amor de Cristo con otros, ya sea en lugares remotos como Etiopía o los campos soleados del sur de Virginia. Tú no puedes creer al mismo tiempo en el evangelio de Jesucristo y el evangelio de la auto-realización. Existe una sola manera de escaparnos de nuestra ortodoxia muerta y nuestro fundamentalismo engreído, y es que evaluemos todo lo que hagamos a la luz del amor con el que Cristo nos amó y se entregó a sí mismo por nosotros.

Me temo que hay un tipo de cristianismo que se deleita en ser brusco y áspero. La fortaleza está presente, y la pureza doctrinal, pero no hay tacto ni compasión. Nadie vivió una vida más santa y pura que Jesús, sin embargo, nuestro gran Sumo Sacerdote está lleno de simpatía, misericordia, y gracia. Él nos soporta sin irritarse y molestarse con nosotros. Su paciencia y entendimiento nos sorprenden hasta traernos de vuelta al camino. Con Cristo siempre estamos a salvo. ¿La lección? La encontramos en tres partes. Recordar que las palabras son baratas pero las acciones son costosas. Recordar que los miles (quizás millones) de palabras que he pronunciado en discursos o publicado en libros son inútiles—de hecho, menos que útiles, a veces hasta un impedimento—si no están respaldadas por actos simples de cortesía. Y finalmente, recordar que el propósito de la Palabra inspirada es siempre sumamente práctico—que el siervo de Dios sea enteramente equipado para toda buena obra (2 Timoteo 3, 16–17). En su libro *Enigma of the Cross* (p. 174), Alister McGrath dice de una manera muy elocuente:

> La misión y la teología están tan claramente interrelacionadas que no pueden ser divorciadas en la manera que los teólogos académicos del occidente se han acostumbrado. Después de todo, en Jesucristo Dios mismo vino a la tierra, al nivel de nosotros meros mortales, y no debería estar más allá de las capacidades de los teólogos el poder hacer lo mismo. La teología debe bajar a la tierra, para servir a la iglesia y la misión en el mundo—y si no baja a la tierra, debemos aterrizarla poniendo al margen aquella teología académica que ha dejado de tener relevancia para la iglesia, de forma tal que se pueda desarrollar una orientación teológica hacia las necesidades pastorales y misiológicas de la iglesia.

> Por tanto, ya no es posible (si alguna vez lo fue) asumir que la teología puede operar sin un interés de servir al mundo. Mientras más entendemos las Escrituras, mayor es nuestro entendimiento de la responsabilidad que tenemos de someter nuestras vidas y nues-

tros futuros a sus enseñanzas radicales. Una vez reconocemos esto, entonces la compasión social será verdaderamente un enfoque apostólico de la función apostólica de la iglesia. En vez de hacer teología por hacer teología, decidiremos dar testimonio del evangelio tanto en palabra como en acción, tanto por medio de nuestros labios como también por medio de nuestra vida. Quizás, hasta podríamos dejar de estar pontificando tanto desde nuestras torres de marfil en el ciberespacio y descenderíamos al balcón, o hasta la planta baja.

Si esto ocurre, por la gracia de Dios, las naciones serán testigos de una teología que ha bajado del cielo a la tierra, donde verdaderamente pertenece.

The Jesus Paradigm

David Alan Black

Black writes an immensely practical book that will rearrange the furniture in your mind and, if heeded, will resurrect biblical Christianity.

David B. Capes
Professor in Christianity, Houston Baptist University

I for one couldn't put it down, and I read it in one sitting.

Craig Bennett
Trinitarian Dance

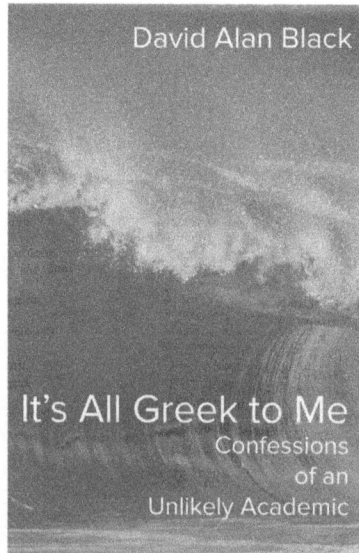

David Alan Black

It's All Greek to Me
Confessions
of an
Unlikely Academic

More from Energion Publications

Personal Study
Holy Smoke! Unholy Fire	Bob McKibben	$14.99
The Jesus Paradigm	David Alan Black	$17.99
When People Speak for God	Henry Neufeld	$17.99
The Sacred Journey	Chris Surber	$11.99

Christian Living
It's All Greek to Me	David Alan Black	$3.99
Grief: Finding the Candle of Light	Jody Neufeld	$8.99
My Life Story	Becky Lynn Black	$14.99
Crossing the Street	Robert LaRochelle	$16.99
Life as Pilgrimage	David Moffett-Moore	14.99

Bible Study
Learning and Living Scripture	Lentz/Neufeld	$12.99
From Inspiration to Understanding	Edward W. H. Vick	$24.99
Philippians: A Participatory Study Guide	Bruce Epperly	$9.99
Ephesians: A Participatory Study Guide	Robert D. Cornwall	$9.99
Ecclesiastes: A Participatory Study Guide	Russell Meek	$9.99

Theology
Creation in Scripture	Herold Weiss	$12.99
Creation: the Christian Doctrine	Edward W. H. Vick	$12.99
The Politics of Witness	Allan R. Bevere	$9.99
Ultimate Allegiance	Robert D. Cornwall	$9.99
History and Christian Faith	Edward W. H. Vick	$9.99
The Journey to the Undiscovered Country	William Powell Tuck	$9.99
Process Theology	Bruce G. Epperly	$4.99

Ministry
Clergy Table Talk	Kent Ira Groff	$9.99
Out of This World	Darren McClellan	$24.99

Generous Quantity Discounts Available
Dealer Inquiries Welcome
Energion Publications — P.O. Box 841
Gonzalez, FL_ 32560
Website: http://energionpubs.com
Phone: (850) 525-3916